RECHERCHES HISTORIQUES

SUR

L'IMPRIMERIE

ET LA

LIBRAIRIE

A AMIENS

AVEC UNE DESCRIPTION DE LIVRES DIVERS

IMPRIMÉS DANS CETTE VILLE

Par Ferdinand POUY

AMIENS

TYPOGRAPHIE DE LEMER AINÉ

PLACE PÉRIGORD, 3,

1861

PREMIÈRE PARTIE.

❧∞❧

RECHERCHES HISTORIQUES

SUR

L'IMPRIMERIE ET LA LIBRAIRIE

A AMIENS.

RECHERCHES HISTORIQUES

SUR

L'IMPRIMERIE

ET LA

LIBRAIRIE

A AMIENS

AVEC UNE DESCRIPTION DE LIVRES DIVERS

IMPRIMÉS DANS CETTE VILLE

Par Ferdinand POUY

———⁂———

AMIENS

TYPOGRAPHIE DE LEMER AÎNÉ

PLACE PÉRIGORD, 3,

———⁂———

1861

INTRODUCTION.

Des historiens nombreux ont payé un large tribut aux célébrités de la ville d'Amiens, à ses artistes, à son commerce et à son industrie ; mais, par un oubli dont il est permis de s'étonner, une des branches importantes de cette industrie, celle qui est considérée, à bon droit, comme un art, l'Imprimerie, en un mot, est restée en dehors de la plume, sinon de la pensée, de tant d'écrivains, dont elle a pourtant fait passer les noms et les œuvres à la postérité. Personne ne s'est donné jusqu'ici l'agréable tâche de retracer le souvenir de l'introduction de l'art typographique dans la cité Picarde ; aucun ouvrage spécial ne fait connaître les établissements qui s'y sont succédés, les circonstances ou particularités qui les concernent et qui peuvent les signaler à l'attention.

Les grands traités de bibliographie, tels que les

Annales typographiques de Panzer, les ouvrages de Maittaire, Hain, Bernard et autres, gardent un silence presque complet sur nos anciens imprimeurs. En sorte que ces derniers ne sont guère connus aujourd'hui que par des renseignements rares et dispersés et par les travaux qu'ils ont exécuté. C'est là, à peu près, tout ce qui constitue les archives actuelles de l'imprimerie-typographique à Amiens.

Une monographie de cette industrie locale est donc encore à faire aujourd'hui ; il faut recueillir tous les souvenirs qui s'y rattachent, et surtout ceux qui ont rapport à ses premières années, avant que les traces en soient à jamais perdues. Dieu veuille qu'il ne soit pas déjà trop tard !

En attendant qu'un de nos savants ait entrepris cette histoire ou cette monographie, avec le talent et les développements qu'elle comporte, j'ouvre la voie par la publication de plusieurs documents que j'ai pu réunir à la suite des recherches que j'ai faites sur différents points et grâce à de bienveillantes communications, sur l'intéressant sujet de l'imprimerie et de la librairie.

Cet opuscule est, sans doute, loin d'être pourvu des attraits qu'aurait su lui donner une plume plus exercée, et ce n'est pas assurément son seul défaut ; mais si l'intention d'être utile est comptée pour quelque chose, l'auteur réclame, du moins, ce faible mérite.

Les documents qui font l'objet de cette publication seront divisés en deux parties :

La première comprendra quelques aperçus historiques sur l'imprimerie et la librairie à Amiens, avec des notices sur les titulaires, depuis l'origine jusqu'à nos jours.

La deuxième sera consacrée à la description de divers ouvrages exécutés par les imprimeurs, notamment de ceux qui peuvent offrir un certain intérêt, au point de vue historique, littéraire, archéologique et artistique, ou qui se recommandent, soit par leur rareté, soit par certaines particularités.

FERDINAND POUY.

Amiens, le 1er Juin 1861.

I.

ORIGINE DE L'IMPRIMERIE.

L'IMPRIMERIE-TYPOGRAPHIQUE n'a pas besoin de définition ; chacun sait aujourd'hui en quoi elle consiste, et nous ne sommes plus au temps où cet art, encore enveloppé d'un obscur mystère, exposait ses adeptes à être pris pour sorciers.

Plus de quinze villes prétendent avoir été le berceau de l'imprimerie. Je ne parlerai pas des discussions nombreuses qui ont eu lieu à ce sujet ; Amiens reste complètement étranger au débat et n'élève à cet égard aucune prétention.

Jean Gutenberg, né d'une famille noble de Mayence, vers 1400, est, malgré de vives controverses [1], généralement reconnu comme l'inventeur de l'imprimerie, dont il fit les premiers essais, vers 1436, à Mayence et à Strasbourg, avec plusieurs associés successifs, qui furent, en dernier lieu, Jean Fust ou Faust et Pierre Schœffer, avec lesquels il perfectionna les moyens d'exécution. Guten-

---

[1] Voir les ouvrages de M. Delaborde, du Bibliophile Jacob et autres, sur l'Imprimerie, et le *Traité de la Typographie*, par Fournier. — Un travail récemment publié par M. PAEILE, bibliothécaire et archiviste de Lille, en tête du Catalogue de la Bibliothèque de cette ville, cherche à établir que Coster est l'inventeur de l'imprimerie et que Gutenberg ne fit qu'y apporter des perfectionnements.

berg et ses associés ont d'abord imprimé des abrégés de Grammaire, appelés *Donats*, du nom de leur auteur; ensuite, et vers 1455, une Bible latine, nommée *Bible Mazarine*, fut imprimée par les trois associés, avec des caractères mobiles, sans que l'on sache précisément si la fonte était, à cette époque, véritablement inventée; quelques savants pensent que ce n'est que vers 1460 que l'on fit usage de caractères fondus [1].

Le premier livre paru avec une date, celle de 1457, est le *Psautier de Mayence*, portant les noms de Fust et de Schœffer seulement. Un exemplaire de ce livre existe à la Bibliothèque impériale; il a été payé 12,000 fr. en 1817, et atteindrait aujourd'hui un prix bien autrement élevé.

Paris est la première ville de France où l'imprimerie fit son apparition. Le premier établissement y fut fondé en 1470, sous le règne de Louis XI, dans les bâtiments de la Sorbonne, par trois imprimeurs, Ulric Gering, Martin Crantz et Michel Friburger, venus de Mayence, et appelés par Guillaume Fichet, recteur de l'Université, et Jean Heylin, prieur de la maison de Sorbonne.

Je ne suivrai pas la marche progressive de cette admirable invention dans les diverses villes de la France et de l'Europe, où elle est venue propager, par ses productions, la pensée et la science. Je me bornerai à citer quelques faits généraux qui s'y rattachent, avant d'arriver à l'histoire de l'imprimerie amiénoise.

[1] Ludovic Lalanne, *Curiosités bibliographiques.*

II.

FÊTE PATRONALE DES IMPRIMEURS ET LIBRAIRES.

Les imprimeurs ont adopté pour patron *saint Jean Porte-Latine*, dont ils célébraient la fête le 6 mai, date du martyre de cet apôtre [1], sans que la tradition nous ait transmis le motif de ce choix.

Longtemps avant l'invention de l'imprimerie, il existait à Paris *une confrérie de Saint-Jean-l'Évangéliste,* fondée en l'église Saint-André-des-Arts, et dont faisaient partie les *libraires,* les *hystorieurs* ou *enlumineurs,* les *parcheminiers* et *relieurs de livres,* sous le titre de : *Suppôts de l'Université* [2].

Les imprimeurs, nouveaux apôtres de la transmission de la pensée par des moyens bien autrement puissants que ceux des écrivains ou scribes leurs devanciers, sont entrés dans la confrérie de Saint-Jean dès l'origine de l'imprimerie, en même temps qu'ils étaient mis sous la dépendance de l'Université.

L'Université de Paris s'était placée sous le patronage

[1] On sait, d'après la légende, que saint Jean l'Évangéliste fut martyrisé à Rome le 6 mai de l'an 92, devant la porte qu'on nommait Latine. On le plongea dans une chaudière pleine d'huile bouillante, qui se changea en rosée pour lui et brûla ses bourreaux ; ensuite il fut envoyé par Domitien, en exil dans l'île de Pathmos, où il composa son admirable Apocalypse.

[2] Voir l'ordonnance de Louis XI du 14 juin 1467, ci-après rapportée.

de Notre-Dame, et honorait, en outre, plusieurs autres
patrons. Ses Nations et ses Facultés avaient aussi des patrons spéciaux en l'honneur desquels elles célébraient pé-
riodiquement des solennités religieuses où se mêlaient parfois de mondaines réjouissances. Pour remédier aux abus
et à la multiplicité de ces féries, un statut général de 1275
ordonna qu'en dehors des fêtes communes, chaque nation
ne pourrait en célébrer qu'une seule. M. Vallet de Viriville,
dans son *histoire de l'Instruction publique*, nous apprend
qu'au XIIe siècle, à l'époque où l'Université était divisée en
quatre nations, subdivisées en tribus, la nation de Picardie [1] avait pour patron ordinaire *saint Nicolas*, et que la
tribu d'Amiens honorait spécialement *saint Firmin;* il nous
apprend aussi que la nation de Picardie prenait, dans les
actes et annonces publiques, la qualification de *fidelissima
Picardorum* ou *Picardica*.

Une ordonnance royale, rendue à Chartres par Louis XI,
le 14 juin 1467, fournit quelques détails peu connus sur
la confrérie dont il s'agit. J'ai cru devoir transcrire ici, en
partie, cette ordonnance, à cause de l'intérêt tout particulier qu'elle présente.

« Louis, par la grâce de Dieu, etc.... Par la supplication des
» libraires jurez, hystorieurs, parcheminiers et relieurs de livres
» et autres confrères de la confrairie Saint-Jean-l'Évangéliste,
» fondée en l'église Saint-André-des-Arts à Paris, adjoincts avec
» lesdits libraires, contenant que dès longtemps les libraires de ladite
» université, prédécesseurs desdits suppliants, exigèrent, levèrent
» et fondèrent ladite confrairie en l'onneur et révérence de saint
» Jean l'Évangéliste, leur patron, en l'église Saint-André-des-Arts,

---

[1] Cette nation était composée des évêchés ou provinces métropoli-
taines de Beauvais, Noyon, Térouanne, Amiens, Arras, Liége, Laon,
Utrecht, Cambrai et Tournay, et de tous les autres diocèses de la Belgique jusqu'à la Meuse, selon le même auteur et selon M. Cocheris.

» qui est à la présentacion de ladite université, et y ordonnèrent
» trois messes être dictes et célébrées, c'est à savoir : l'une à l'onneur,
» prospérité et conservation de nous, nos prédécesseurs et de ladicte
» université ; la seconde pour les frères d'icelle confrairie vivants,
» et la tierce pour le salut et remède des âmes de leurs confrères de
» ladicte confrairie trépassez. Au temps de laquelle fondacion et do-
» tacion des dictes messes, les confrères étaient en grand nombre,
» riches et oppulants, tant à l'occasion de la demeure de nos pré-
» décesseurs roys de France en la ville de Paris que austres seigneurs
» du sang et autres estrangiers de divers royaumes et nations y
» affluens, et aussi de la populacion et augmentacion de l'université
» et fréquentacion de marchandises en la ville de Paris, et tellement
» que par multitude desdits confrères, les dites trois messes et autres
» frais et souffraiges estaient fait et soutenuz en payant par chacun
» confrère chacun an 12 deniers parisis pour tête.

« Depuis laquelle fondacion sont survenues en nostre royaume,
» mesmement en notre dicte ville de Paris, grant guerres, famines
» et mortalitez et austres pestilences, à l'occasion desquelles et de ce
» que nos prédécesseurs et austres grands seigneurs et gens estran-
» giers et austres populaires ont distrait leur demeure de ladicte
» ville, et plusieurs populaires et confrères trespassez, ladicte ville
» est apovrie mesmement lesdits suppliants, en telle manière que de
» présents lesdits libraires et consors sont en tel et si petit nombre
» qu'ils ne peuvent ny pourraient faire dire lesdites messes, ni en-
» tretenir les frais, mises et despens qu'il convient soutenir auxdits
» supplians, tant à l'occasion de ladite confrairie que austres fraiz
» et affaires d'iceux confrères, parquoy leur est besoin pour iceux
» soustenir prendre et lever oultre et pardessus lesdits 12 deniers
» parisis, 4 sols parisis sur chacun, et 24 sols sur ceux qui seront
» créés à l'avenir et sur les apprentis, 8 sols pour une fois et un de-
» nier par chaque semaine sur chaque homme tenant ouvrouer à
» Paris, etc.; que auscun maistre ne ait ou tiengne varlet ou commis
» gangnant argent qu'il ne soit de ladicte confrairie et paye 12 de-
» niers parisis audit maître. »

Cette ordonnance de Louis XI a été plus d'une fois confirmée par ses successeurs, en ce qui concerne l'obligation, pour les maîtres, de célébrer la fête de St-Jean.

Mais, dès 1539, on voit que les maîtres sont devenus assez riches pour se passer du concours de leurs apprentis, et il fut défendu à ces derniers, qui fêtaient de leur côté saint Jean l'Évangéliste, d'établir aucune confrérie, association ou fête, ces réunions étant devenues pour eux une occasion de s'entendre et de se liguer contre les maîtres. (Ordonnances et édits de 1549, 1571, etc.)

Il fut aussi, dans le même but, défendu aux religieux de Saint-Jean-de-Latran et à toutes maisons religieuses de souffrir et entretenir chez eux les confréries ou assemblées des compagnons imprimeurs. (Voir les Ordonnances précitées et le *Code de la Librairie*, par Saugrain, dont il sera parlé ci-après.)

Un but politique n'était pas, non plus, étranger à ces défenses.

Le règlement de la librairie de 1723 n'avait point oublié la confrérie de Saint-Jean, et voulait que les établissements d'imprimerie et de librairie fussent fermés le jour de la célébration de cette fête, sous peine d'amende.

Ce règlement avait placé l'administration des deniers de la confrérie entre les mains des adjoints de la communauté; antérieurement cette administration avait été confiée à des maîtres de confrérie élus en la communauté des imprimeurs et libraires, et dont les fonctions ont dû cesser en vertu d'un édit de 1686.

On ne saurait trouver dans tous ces documents et dans beaucoup d'autres, qu'il est inutile de citer, une explication complètement satisfaisante sur le motif qui a guidé les libraires dans le choix de leur patron.

Le bibliophile Jacob et E. Fournier disent que les libraires, et autres membres de leur confrérie, marchaient à la procession des grandes fêtes de l'Université, sous la bannière de saint Jean-Porte-Latine, qui était le patron de leur choix, « sans doute à cause de la dernière partie de son nom, qui avait flatté ces vendeurs de livres latins [1]. » Si ce motif de vanité savante n'est pas le vrai, il n'a du moins rien d'invraisemblable puisque, d'après l'auteur des *Variétés historiques* (édit. de 1752), certaines corporations ont basé leurs choix sur des motifs tout aussi futiles et fort ridicules.

C'est dans un simple jeu de mots que M. S. Prioux voit l'origine de ce choix, qu'il explique ainsi : « Dans le langage populaire saint Jean était appelé *saint Jean Porte-Latin*, et comme tous les livres étaient à cette époque en latin, et par conséquent *portant le latin*, les confectionneurs de livres choisirent naturellement pour patron *saint Jean Porte-Latin*. » (Journal de la Librairie, n° du 5 mai 1860.)

M. Prioux a reproduit par la gravure et donné la description de quelques médailles ou jetons relatifs au sujet qui nous occupe ; le plus ancien est de 1418. Mais cet écrivain n'a pas dit son dernier mot ; il espère, avec un zèle digne d'éloges, pouvoir fournir sur ce sujet de nouveaux éclaircissements.

La Mothe Le Vayer garde le silence sur le patron des libraires et imprimeurs ; mais, sans doute afin de prouver les causes plaisantes de certains choix, il dit que les boulangers ont choisi saint Michel, à cause des *miches* qu'ils font cuire ; les cardeurs, sainte Madeleine, à cause de leurs *amas de laine ;* les cuisiniers, saint Just, parce qu'ils sont obligés de goûter les *jus* qu'ils emploient.

---

[1] *Hist. de l'Imprimerie* (livre d'or des métiers).

Quels rébus ! s'écrie M. Peignot, en citant ces trois motifs burlesques. Son intention avait été de publier un travail sur cette question, mais il paraît s'être contenté d'indiquer un certain nombre de patrons, sans donner à connaître les motifs qui les ont fait adopter. C'est un travail qui reste à faire et qui serait fort curieux, outre qu'il serait difficile, notamment pour les arts et professions qui n'ont pas eu le bonheur, comme les orfèvres, de posséder parmi eux un saint canonisé, tel que saint Éloi.

Des imprimeurs ont été plus ou moins martyrisés et même brûlés, mais aucun ne figure dans le Martyrologe.

Les libraires et imprimeurs d'Amiens n'avaient pas fondé de confrérie, mais ils faisaient dire une messe annuelle en l'honneur de leur patron dans l'église Saint-Martin, ainsi que l'indique une note émanant de feu M. Guerard. Ce renseignement, que Mme Guerard a bien voulu nous communiquer, se trouve confirmé dans un volume fort rare, intitulé *Heures nouvelles à l'usage de ceux qui fréquentent leur paroisse,* précédé d'un calendrier, lequel porte que, le 6 mai, un office était célébré à la paroisse Saint-Martin, pour les imprimeurs et libraires. Ce livre a été imprimé à Amiens, par la veuve Charles Caron, en 1758. M. l'abbé Corblet en possède un exemplaire [1].

Les actes de l'église d'Amiens mentionnent plusieurs lettres, mandements et statuts synodaux condamnant les abus qui s'étaient généralement introduits dans la célébration des fêtes patronales par les corporations : les danses, jeux et festins en faisaient toute la solennité ; il était défendu aux curés et ecclésiastiques d'y assister.

---

[1] Ce livre fait connaître que les foulons et imprimeurs sur étoffes avaient adopté le même patron et célébraient leur office à St.-Leu.

Les statuts synodaux de Mgr Faure, datés de 1662, portent ce qui suit :

« Toutes confréries qui n'ont pas été canoniquement érigées se-
» ront interrompues jusqu'à ce que l'érection en soit faite et que
» les règlements et statuts en soient donnés par nous. Nous défen-
» dons tous festins qui se font sur les fonds des revenus et aumônes
» des confréries. Ces associations ne doivent avoir autres fins que
» l'accroissement du service de Dieu et la pratique des œuvres de
» miséricorde. »

Il ne paraît pas que ces défenses aient remédié complètement aux abus, car autrement il n'aurait pas fallu renouveler ces blâmes aussi souvent qu'on l'a fait.

La Révolution a mis fin aux confréries de toutes sortes.
L'office de saint Jean n'a pas été rétabli depuis, et c'est
seulement par un banquet ou dîner, offert par les maîtres
aux ouvriers, que cette fête patronale est célébrée à
Amiens.

III.

FÊTE BURLESQUE.

A Lyon, les libraires et imprimeurs célébraient, outre la fête de saint Jean, une fête burlesque dite *du seigneur de La Coquille*, qui n'était sans doute autre chose que la très-étrange personnification des fautes typographiques ou *coquilles*, et sur laquelle des détails forts piquants ont été donnés par P. Lacroix et E. Fournier dans leur *Histoire de l'Imprimerie*, déjà citée.

« Le seigneur de la Coquille, disent ces auteurs, était représenté
» par un mannequin bizarre ou *momon*, promené dans la ville, avec
» une bannière ou guidon où se trouvaient les *V V verds* qui, plus
» tard, et sans qu'on sache par suite de quelle coïncidence, ont servi
» de rubrique à la première édition des *OEconomies royalles* de Sully.
» Sur un guidon de taffetas rouge, on voyait, au milieu d'un V, en
» lettres d'or, *Espoir de mieux*. C'est la raillerie et l'impénitence
» narquoise après la faute, l'envie de rire au lieu du désir de se
» corriger. »

Cette fête carnavalesque était encore en grande faveur à Lyon à la fin du xve siècle. Elle se faisait pendant le Carême, et revenait chaque année avec des rites nouveaux, des chants burlesques et des discours à l'avenant.

Le rédacteur du catalogue de la Bibliothèque Soleinne explique la présence du *V* sur la bannière du Patron des bourdes typographiques, par préférence à toute autre lettre, par la raison que cette lettre, qui servait alors d'*u* et de *v*, pouvait aisément être retournée et passer ainsi pour un *n*. Cette lettre était donc très-favorable aux *coquilles*.

Plusieurs ouvrages relatifs à cette fête burlesque se trouvaient en manuscrit chez M. de Soleinne, notamment: *les plaisants devis des suppôts du seigneur de la Coquille, récitez publiquement le deuxième mai l'an mil cinq cent huictante-un.* — *Les plaisants devis en forme de coq à l'asne rescitez par les suppôts du seigneur de la Coquille en l'an 1589.* — Cette dernière pièce est imprimée « *à Lyon par le seigneur de la Coquille.* » Elle mentionne que cette fête était représentée et tolérée antérieurement « plus licentieusement à Paris et » ailleurs en France. »

IV.

RÈGLEMENTS GÉNÉRAUX

antérieurs à 1789.

A Paris, les imprimeurs étaient, avant la révolution de 1789, organisés en communauté avec les libraires, pourvus d'une chambre syndicale sous la surveillance du lieutenant de police, avec le titre de *Communauté des libraires et imprimeurs jurés de l'Université*, conformément aux anciens règlements. Étant considérés et réputés du corps et des suppôts de l'Université, complètement séparés et distingués des arts mécaniques, ils jouissaient de tous les droits et prérogatives qui avaient été attachés à cette qualité, en vertu des lettres patentes de Charles VIII (1488), plusieurs fois confirmées par divers édits et ordonnances rendus postérieurement.

Ces faveurs affranchissaient les membres de la communauté des imprimeurs de toutes contributions, subsides et impositions supportés par les arts et métiers, et les exemptaient des diverses charges de la cité, ainsi que des tutelles et curatelles. Les mêmes faveurs s'étendaient à tous les libraires et imprimeurs du royaume, d'après un édit de Charles IX, de 1561.

Mais, d'un autre côté, cette communauté était soumise à une foule d'édits et de dispositions pénales de toutes sortes, qui, en 1723, furent refondues dans un règlement nouveau, rédigé par d'Aguesseau, lequel règlement fut déclaré applicable à tout le royaume par arrêt du conseil d'Etat du 24 mars 1744. Saugrain, syndic de la communauté des imprimeurs et libraires de Paris, a composé, sous le titre de *Code de la librairie et imprimerie,* un ouvrage excellent où il a résumé et annoté la législation alors en vigueur.

La Révolution est venue abolir, par une loi du 17 mars 1791, ces priviléges et cette législation, en sorte que ces monuments du passé ne présentent plus guère aujourd'hui qu'un intérêt historique ou curieux.

A ce point de vue ils sont encore, en partie, du domaine de cette brochure et méritent d'être connus.

Avant 1667, des lettres patentes ou priviléges suffisaient pour exercer la profession d'imprimeur; mais plus tard, nul ne pouvait être imprimeur ni libraire sans avoir été reçu maître en la communauté; et pour arriver à la maîtrise, il fallait être catholique, de bonne vie et mœurs, âgé de 20 ans au moins, avoir fait quatre années d'apprentissage, et ensuite avoir servi les maîtres pendant trois ans en qualité de compagnon. Il fallait, en outre, justifier au syndic ou adjoint de la communauté d'un certificat du recteur de l'Université, constatant que l'aspirant était congru en langue latine et savait lire le grec [1].

Il fallait aussi prêter serment par-devant le lieutenant

---

[1] Un règlement universitaire de 1438 distingue deux sortes de latin : le latin congru, que devait parler tout élève parvenu à l'étude du doctrinal ou syntaxe latine, et le latin incongru, à l'usage des écoliers qui suivaient les classes élémentaires. (Vallet de Viriville, Hist. de l'Inst. publique.)

général de police, après avoir passé l'examen voulu et rempli toutes les conditions exigées.

Les veuves, fils, ou gendres de maîtres étaient seuls dispensés d'une partie de ces formalités, propres à effrayer plus d'un aspirant de nos jours, si elles étaient encore exigées [1].

Les maîtres reçus à Paris pouvaient aller demeurer et exercer dans tout le royaume sans être tenus de faire apprentissage et nouveau serment en leur résidence, mais seulement de justifier de leurs lettres de maîtrise et réception, et de les faire enregistrer au greffe de la justice ordinaire du lieu de cette demeure.

Un édit de 1686 obligeait les imprimeurs à posséder au moins deux presses ; ce nombre fut porté à quatre par un arrêté de 1713, qui imposait, en outre, l'obligation d'avoir huit sortes de caractères romains, le tout sous peine de déchéance de la maîtrise.

Le quartier de l'Université était assigné pour demeure aux imprimeurs de Paris, à peine de confiscation de leur matériel, de privation de la maîtrise et de peine corporelle en cas de récidive, en vertu de divers édits et ordonnances remontant à l'année 1600 [2].

---

[1] Il suffit aujourd'hui, pour être imprimeur, d'obtenir un brevet sur la simple production d'un certificat de capacité et de bonne vie et mœurs, sans être astreint à aucune obligation d'examen, d'apprentissage ou autres.

L'imprimerie et la librairie sont actuellement régies par les lois et décrets de 1810, 1814, 1819, 1835 et 1852.

[2] Ce quartier, où les imprimeurs étaient groupés afin d'une surveillance plus facile de la part des autorités, était situé au *Mont-S*[t]-*Hilaire*, et fut ensuite connu, plus particulièrement, sous le nom de *Puits-Certain*. — On trouve à ce sujet plusieurs renseignements dans les *règlements* et dans une note du *Roman-Bourgeois*, par E. FOURNIER.

Il était prescrit d'imprimer en beaux caractères, sur de bon papier et correctement, et nul ne pouvait imprimer ou réimprimer sans avoir obtenu privilége ou permission du roi ou des officiers de police, dans certains cas, sur le vu du manuscrit par le chancelier ou garde des sceaux.

Les permissions d'imprimer et de vendre étaient à la discrétion du Parlement avant 1566, selon M. Leber, qui en fait remonter l'origine à 1507.

M. Peignot pense que les demandes de permission n'étaient point obligatoires avant 1566, et que les priviléges accordés jusque là étaient une sorte de garantie de contrefaçon. Il établit que ce n'est qu'à partir de 1547 que le nom et le surnom de l'auteur, celui de l'imprimeur, sa marque ou l'enseigne de son domicile, ont dû être exprimés et apposés au commencement ou à la fin des livres, ainsi que la date de l'impression ; ce qui est conforme, du reste, aux règlements cités par Saugrain.

Une ordonnance de 1485 permettait de cumuler, avec les professions de libraire ou d'imprimeur, les fonctions de notaire, praticien ou autre.

Une déclaration de Henri II, du 27 juin 1551, défendait à tous imprimeurs d'exercer leur état sinon en bonnes villes et maisons accoutumées à ce faire, et non en lieux secrets. Le maître imprimeur devait répondre des fautes et erreurs commises.

Il était défendu aux maîtres de prendre et garder aucun apprenti marié, et aux compagnons et apprentis de faire aucun festin ou banquet pour quelque cause et raison que ce soit, ainsi qu'il a été rapporté plus haut. Le tric leur était aussi interdit. On appelait ainsi un signal de quitter le travail pour aller boire [1].

---

[1] E. Fournier, dans ses Variétés historiques, a donné une curieuse

Les intendants et lieutenants de police étaient, pour la province, chargés de surveiller l'application de ces lois et règlements généraux, ainsi que les chambres syndicales établies dans quelques grandes villes. Les maires et échevins appliquaient les statuts et règlements locaux. Le serment exigé pour entrer en fonctions était prêté devant le bailli. Les demandes de privilèges ou permissions d'imprimer, vendre ou débiter, devaient être adressées au juge royal du ressort du domicile des imprimeurs ou au premier magistrat du lieu, qui n'accordait cette permission qu'après approbation préalable, même des simples livrets, par des personnes que ce juge choisissait et qui devaient être capables d'en faire l'examen.

Les imprimeurs-libraires obtenaient, à prix d'argent, le privilège d'imprimer et de vendre, pour un certain nombre d'années.

Le privilège du roi, sur parchemin, coûtait 33 l. ; il ne dépassait pas 10 années. Une simple permission tacite se

---

pièce en vers burlesques, ayant pour titre : *Les misères des apprentis imprimeurs, appliquées par le détail à chaque fonction de ce pénible état.*

Les ouvriers imprimeurs de tout âge se dédommagent amplement de ces tracas par des rires, des lazzi, des plaisanteries, des espiègleries de toutes sortes. Mais alors, gare les *coquilles !* Elles ne manquent pas de se produire dans ces moments de joyeusetés. Qui sait si certaines fautes bouffonnes n'ont pas été parfois commises par malice ? Et, chose bizarre, ces fautes sont, pour certains collectionneurs, le seul motif qui leur fait rechercher les livres où elles se trouvent et qui les fait vendre un prix quelquefois exorbitant, tels que : une Bible de 1634 portant « le Seigneur lui donna la *corruption* au lieu de la *conception.* » La Bible imprimée par Hildebrand, en 1710, où l'on voit cet étrange commandement : « *Tu commettras adultère.* » Faute qui entraîna la confiscation de l'édition. On peut juger par là jusqu'où peut aller la manie de quelques bibliomanes.

payait 7 l. 10 s.; elle était pour trois ans. Ce temps expiré, on pouvait renouveler l'un et l'autre à la volonté de l'auteur, en payant la même somme. Quelques détails seront donnés plus loin sur les permissions tacites qui étaient de deux sortes, écrites ou verbales.

Voyons maintenant comment ces divers règlements étaient appliqués à Amiens particulièrement.

V.

LÉGISLATION ET ORGANISATION

DES IMPRIMEURS D'AMIENS AVANT 1789.

LIVRES BRULÉS PAR LE BOURREAU.

L'organisation particulière des imprimeurs d'Amiens, avant la Révolution, doit naturellement trouver ici sa place, et je vais y consigner ce que j'ai pu recueillir à cet égard.

Un arrêt du Conseil, du 21 juillet 1704, fixa à quatre le nombre des imprimeurs, pour la ville d'Amiens ; il fut réduit à deux par un autre arrêt donné à Versailles le 31 mars 1739. Ce dernier arrêt n'accordait qu'une imprimerie pour Abbeville et supprimait celle de Péronne. Ces réductions et suppressions, opérées en assez grand nombre dans tout le royaume, étaient motivées par des rapports établissant qu'une partie des imprimeurs nommés par un édit antérieur ne pouvait se soutenir au moyen du produit de son travail, ce qui exposait ces titulaires à contrefaire les ouvrages imprimés par d'autres ou à en imprimer clandestinement de mauvais.

Avant 1789, Amiens n'a jamais eu plus de trois imprimeurs en même temps. De 1789 à 1810, le nombre des imprimeurs fut illimité ; aussi, pendant la période révolutionnaire, on en comptait jusqu'à sept, compris les associés. Un décret de 1810 a fixé le nombre des imprimeurs d'Amiens à cinq, dont deux à vie seulement. Depuis, il n'a été nulle part fixé de limite que selon les besoins de la localité et d'après l'appréciation des autorités.

Augustin Thierry, en faisant le dépouillement des archives de l'intendance et de l'échevinage, a relevé quelques indications relatives aux imprimeurs et libraires d'Amiens. Ces indications sont contenues dans un ouvrage intitulé : *Recueil des monuments inédits de l'histoire du Tiers-État.* (Paris, Didot, 1856.) Elles établissent comme il suit la situation en 1762.

« Le titre constitutif de la communauté est le règlement de 1723.

» Cette communauté n'a aucun revenu ; — il n'a, en aucun temps, » été fait de rôle ; — les frais des procès sont aux dépens des mem- » bres lors existant.

» Il est dû 1000 livres à chaque réception de maître, suivant le » règlement de la librairie. Jusqu'à présent il n'a été rien reçu de » ceux qui ont été admis, parce qu'ils étaient fils de maîtres, et en » conséquence d'une convention entr'eux.

» Cette communauté n'a ni dettes, ni charges que l'industrie, » montant à 88 livres, payés par quatre d'entr'eux.

» Les règlements la distinguent de toutes les autres communautés » d'art ; il n'y a pas eu de réunion avec d'autres industries. »

Il est fait mention de deux imprimeurs, qui existaient vers 1762, la veuve Caron et la veuve Godart, et de six libraires, dont quatre ne faisaient pas de commerce.

Il résulte de cette situation, présentée en 1762 à l'intendant, M. de Chauvelin, que les libraires et imprimeurs d'Amiens n'avaient aucun bref ou statut particulier, et qu'ils étaient complètement indépendants des arts et métiers, n'ayant jamais été réunis ni aux écrivains et enlumineurs, ni à aucune autre corporation, comme par exemple à Arras, à Soissons et en d'autres villes où ces réunions ont existé, ainsi qu'on le voit dans l'ouvrage *le Moyen-Age et la Renaissance,* par les marques, bannières et blasons qui y sont reproduits.

La seule organisation dont il soit resté des traces est celle de la chambre syndicale, ci-après signalée.

Pagés, ni aucun autre historien picard, ne fait mention des imprimeurs comme corporation, et on ne voit nulle part leur place assignée dans les cérémonies religieuses, où les corps de métiers étaient toujours représentés avec leurs bannières et des cierges ornés d'écussons à l'image d'un saint.

Ils ne sont pas nommés dans le recueil des ordonnances de l'échevinage comme appartenant à une corporation réglementée, ni cités parmi ceux qui étaient exempts de porte, guet et réveil et des autres charges de la cité (contrairement à l'édit de 1561, indiqué plus haut); mais en revanche on n'avait pas oublié d'affranchir de ces charges de ville *l'exécuteur de la haute justice,* dont le tarif, fort détaillé dans ce recueil, est vraiment des plus curieux.

Cet employé de la justice criminelle eut occasion d'exercer son métier et d'en appliquer le tarif à propos de livres, ainsi que le prouve le fait suivant, constaté par les registres de l'échevinage, et arrivé à la suite d'une enquête faite sur des écrits séditieux qui avaient été répandus par les réformés :

« 1562, juin. 100 sols sont payés au bourreau pour avoir brûlé » plusieurs livres censurés. »

C'est sur la place du Marché que cette exécution a eu lieu [2], elle comprenait les traités de Calvin et une foule

---

[1] *Justice et Bourreaux,* par Dubois, chez Caron et Lambert (1860), in-8°.

La place du Marché était le lieu ordinaire des exécutions. C'est là aussi que furent brûlées, en 1793, les lettres de noblesse et de prêtrise.

d'autres livres enlevés chez les protestants et principalement chez le ministre Laforêt.

En 1534, des ouvrages de Luther et d'autres hérétiques ont aussi été brûlés devant la principale porte de l'église cathédrale, en exécution d'une sentence du Parlement et de l'inquisiteur Lyévin.

Rien n'indique que les imprimeurs et libraires d'Amiens aient été obligés de résider dans certaines rues; néanmoins on voit, pendant longtemps, qu'ils étaient presque tous établis dans la rue du *Beau-Puits* (depuis rue *Henri-Quatre*), près la place Saint-Martin. C'était sans doute à cause du mouvement de la population qui était très-actif en ces quartiers, où se tenaient des foires et des marchés qui attiraient beaucoup d'étrangers, et aussi à cause de la proximité de plusieurs monuments et établissements religieux où la foule se portait. On verra plus loin qu'il se trouvait des loges ou étalages de livres au parvis de la cathédrale.

Comme imprimeurs, on remarquait, notamment, dans la rue du Beau-Puits, les Hubault et les Caron. En ce quartier privilégié, la science culinaire réparait la force des savants fatigués par l'étude. D'habiles traiteurs ouvraient pour eux leurs confortables établissements, parmi lesquels primaient les hôtels des *Bons-Enfants* et du *Plat-d'Étain* [1].

C'est seulement en 1726 qu'un règlement ou distribution des objets de police entre les maire et échevins parle nominativement de l'imprimerie, qui fut alors placée sous

---

[1] Je copie ces lignes récréatives et empreintes d'un véritable parfum de gastronomie dans un ouvrage de M. Goze, historien et héraldiste picard, aussi savant que modeste. (*Rues d'Amiens*, tome III, page 54. — Imprimerie d'Alfred Caron.)

l'autorité du maire, mais sans indication ni définition de la surveillance que ce magistrat devait exercer [1].

Plusieurs faits attestent, malgré le silence des règlements antérieurs à 1726, que la police de l'imprimerie était assurément, avant cette date, exercée par les magistrats municipaux, dont les attributions étaient très-étendues. La cité d'Amiens a toujours eu la glorieuse ambition de vouloir être gouvernée et administrée par elle-même, autant qu'elle l'a pu, au prix des plus grands sacrifices et du rachat des offices royaux créés à différentes époques, à quoi le trésor royal trouvait son compte.

Il résulte des registres de l'échevinage que les imprimeurs et libraires ne pouvaient s'établir dans la ville d'Amiens, sans l'autorisation du Corps de ville. Ces autorisations sont parfois assez longuement motivées, notamment celle accordée à Guislain Lebel, laquelle mentionne les lettres-patentes qui lui avaient été données par le roi Louis XIV, pour lui conférer le titre d'*imprimeur et libraire ordinaire du Roi, en la ville d'Amiens*. Ces lettres-patentes seront transcrites plus loin.

Cette police locale était indépendante de celle attribuée aux officiers du roi, au chancelier, et au directeur général de la librairie, par les règlements mentionnés plus haut.

On voit, par les registres du bailliage, que le bailli recevait les prestations de serment des imprimeurs et libraires ; qu'il leur faisait signifier, par le Procureur du roi, les règlements, édits, et ordonnances royaux, concernant leur profession, et qu'il en surveillait l'exécution.

Les intendants exerçaient aussi une surveillance active sur l'imprimerie et la librairie ; et ils punissaient sévère-

---

[1] Brayer, *Notice sur la Police d'Amiens.*

ment les infractions aux règlements, comme on en verra
la preuve au chapitre VII, en ce qui concerne l'imprimeur
Charles Redé, auquel fut appliqué la peine la plus grave
de toutes celles mentionnées, la suppression de son imprimerie, et la destruction des livres saisis, solennelle-
ment faite en présence de tous les imprimeurs et libraires
qui avaient été convoqués extraordinairement à cet effet.

On verra, sous le même chapitre, que les intendants
étaient également sévères contre les auteurs pour certains
écrits ; mais qu'ils savaient aussi user de modération et
employer quelques fois des moyens conciliants.

VI.

CHAMBRE SYNDICALE.

Une chambre syndicale des imprimeurs et libraires existait encore à Amiens en 1792. Elle avait été créée en vertu d'un arrêt du conseil d'État du 11 juin 1710, qui désignait Amiens comme étant l'une des villes par laquelle pouvait avoir lieu l'entrée des livres étrangers.

D'après cet arrêt, tous les livres et livrets arrivant de l'étranger devaient être remis dans une chambre destinée à cet usage, pour y être visités par les syndics de la communauté des libraires ou par deux libraires nommés à cet effet dans les villes où il n'y avait pas de syndic, lesquels syndics ou libraires devaient dresser de ces livres un catalogue exact, dont ils étaient tenus d'envoyer chaque semaine une copie certifiée d'eux à M. le chancelier, pour être par lui, sur les ordres qu'il recevait de Sa Majesté, réglé tout ce qui était relatif à la suppression, confiscation, permission, vente et débit de tous lesdits ouvrages.

En 1788, selon le P. Daire [1], cette Chambre était composée d'un syndic et de trois adjoints ; elle avait dans son département les villes d'Abbeville, de Beauvais, de Noyon et de Saint-Quentin et toutes les petites villes avoisinantes. Les jours d'assemblée, pour la visite des livres qui pas-

[1] Voir *Almanach de Picardie* de 1788.

saient par Amiens, étaient les mardi et vendredi de chaque semaine. Aucun particulier ne pouvait vendre une bibliothèque sans qu'au préalable il n'ait prévenu le syndic qui en allait faire la visite, accompagné d'un adjoint, lesquels en délivraient un certificat qu'il fallait présenter au lieutenant général de police pour obtenir la permission de vendre.

Les particuliers des villes du ressort de ladite chambre, éloignées de plus d'une journée, lorsqu'ils voulaient effectuer une vente publique de livres, étaient obligés d'en faire faire le catalogue par un libraire ou par toute autre personne, de le faire certifier véritable par le lieutenant général de police ou mayeur du lieu de leur résidence, et d'envoyer ledit catalogue au syndic de la chambre syndicale d'où ils ressortissaient.

En 1788, les membres de la chambre étaient :

MM. Boullet de Varennes, avocat, censeur royal ;
      Caron l'aîné, imprimeur-libraire, syndic ;
      Caron père (L.-Ch.), imprimeur ;
      Vast, libraire ;
      Et Caron-Berquier, libraire, adjoint.

La composition était la même en 1792, à l'exception de Caron père, alors décédé.

Les attributions de cette chambre syndicale ne consistaient pas seulement, comme on le voit, dans la visite des livres étrangers, mais elle exerçait une surveillance plus générale et maintenait les priviléges qui appartenaient alors à la corporation des imprimeurs et libraires.

VII.

Liberté d'imprimer. — Censure. — Condamnations. — Permissions tacites écrites et non écrites. — Imprimeries, Livres et Journal condamnés ou supprimés à Amiens. — Refus de permission d'imprimer aux ouvrages des Protestants.

L'imprimerie, cette invention plus divine qu'humaine, comme le disait le roi Louis XII, a rendu de grands services, mais aussi elle s'est prêtée à la licence, elle a favorisé des excès, qui ont appelé sur elle, dès son début, l'attention du législateur. On connaît les déclamations de J. J. Rousseau contre cette invention, dont les affreux désordres, selon lui, devaient conduire les souverains à bannir cet art terrible de leurs États avec autant de soins qu'ils en avaient pris pour l'y introduire. On connaît aussi les griefs de Charles Nodier contre cette découverte qu'il appelle la loi agraire de l'intelligence, qui lui reproche d'avoir fomenté des milliers d'erreurs et de folies, d'accélérer la civilisation pour la précipiter vers la barbarie [1]. Ce langage peut paraître au moins excentrique de la part de ces grands écrivains ; aussi est-il permis de penser différemment et de croire que l'exercice des presses est compatible avec le pouvoir et avec la civilisation, ce que l'expérience a, du reste, prouvé.

[1] Voir les curieux passages rapportés, d'après ces écrivains, par Peignot, dans son Essai sur la liberté d'écrire.

La législation primitive sur la presse n'est pas, on ne peut le nier, demeurée dans les limites d'une modération parfaite ; la répression a été parfois barbare et souvent sévère plus que de raison, ainsi qu'on peut le voir dans tous les ouvrages qui traitent de cette matière. C'est la Sorbonne, première patronne des imprimeurs, qui donna l'exemple de la sévérité contre l'imprimerie et qui poussa le roi aux rigueurs (1525). La censure [1], l'amende, la prison, la potence, le brûlement des auteurs et de leurs écrits, la suppression des établissements, tels étaient les moyens ordinaires de répression à cette époque.

Malgré ces pénalités terribles, les infractions étaient fréquentes et multipliées, comme le montrent MM. Peignot, Leber et autres, dans leurs ouvrages sur la liberté de la presse.

Voltaire ne manque pas, non plus, de parler des écrits défendus, qui étaient imprimés, de son temps, à Cologne, chez Pierre Marteau (l'imprimeur des libelles contre Louis XIV), et dans toute la Hollande, pour se répandre aussitôt en France. Beaucoup de ces livres n'empruntaient de la Hollande que le nom et sortaient souvent des presses de Paris même. A l'égard de ses propres écrits, imprimés à l'étranger, Voltaire se plaint amèrement, et à plusieurs reprises, de ne pouvoir les faire arriver sûrement en France, à cause de la rigoureuse surveillance de la chambre syndicale des libraires [2]. C'est à ce propos qu'il dit :

Laissez lire et laissez danser.

---

[1] Les censeurs royaux furent établis en 1668 pour remplacer les personnes qui étaient auparavant chargées de l'examen par le chancelier.

[2] Les livres passés sans être soumis à la chambre syndicale étaient rigoureusement saisis, ainsi que les choses étrangères qui pouvaient

Outre les permissions royales, il fallait aussi la permission des docteurs pour les ouvrages concernant la religion, et autres permissions particulières exigées par divers règlements déjà mentionnés ; enfin il y a eu des permissions tacites inventées à la fin du règne de Louis XIV et maintenues sous Louis XV et sous Louis XVI, comme on va le voir.

On peut encore citer Voltaire à propos de ce genre de permissions, accordées, dit-il, par le lieutenant de police à des compilateurs :

« Ils vont le vendredi demander la permission de vendre leurs
» drogues ; ils ont audience immédiatement après les filles de joie,
» qui ne les regardent pas, parce qu'elles savent bien que ce sont
» de mauvaises pratiques. »

M. Lamoignon de Malesherbes, dans son *Mémoire sur la liberté de la Presse*, trace un tableau des plus curieux de la tolérance du pouvoir et des fraudes qui existaient de son temps en matière de presse et de librairie, et auxquelles il paraît loin d'avoir voulu apporter des entraves, en sa qualité de directeur de la librairie sous Louis XV et Louis XVI.

Les permissions tacites écrites et celles non écrites, qu'il qualifie d'assurance d'impunité, y sont définies de manière à dissiper tous les doutes qui ont pu s'élever sur ce dernier genre de permissions.

« Il n'y a point, dit-il, de loi qui soit exécutée lorsqu'une nation
» entière cherche à favoriser les fraudes, et que le Gouvernement
» lui-même reconnaît qu'il faut souvent fermer les yeux.

s'y trouver jointes. En sorte que, suivant une sentence de police du 1er avril 1681, Henry Becquerel et Pierre de La Gaste, commis des messagers et carosses d'Amiens à Paris, furent condamnés aux dépens, dans cette capitale, pour avoir passé en fraude un ballot de laine où il y avait des livres ; le ballot fut en outre déclaré confisqué.

» Le Gouvernement a refusé la permission expresse à un très-
» grand nombre de livres, qui sont ceux que le public désire avec
» le plus d'ardeur; il l'a refusé même à des livres qui sont recon-
» nus nécessaires pour l'instruction, en sorte qu'un homme qui
» n'aurait jamais lu que les livres autorisés serait en arrière de ses
» contemporains presque d'un siècle.

» La loi défendant les livres dont le public ne peut pas se passer,
» il a bien fallu que le commerce de la librairie se fît en fraude de
» la loi, d'où sont nées les permissions tacites que l'autorité a re-
» connues nécessaires dans certains cas. Cette nécessité avait même
» été reconnue par les parlements, contradicteurs habituels de l'ad-
» ministration.

» Ces permissions étaient inscrites sur un registre ; mais on ne
» s'en tint pas là. Souvent on sentit la nécessité de tolérer un livre,
» et cependant on ne voulait pas avouer qu'on le tolérait. Dans ce
» cas et dans beaucoup d'autres, on prenait le parti de dire à un li-
» braire qu'il pouvait entreprendre son édition, mais secrètement ;
» que la police ferait semblant de l'ignorer et ne le ferait pas saisir ;
» et comme on ne pouvait pas prévoir jusqu'à quel point le clergé et
» la justice s'en fâcheraient, on lui recommandait de se tenir tou-
» jours prêt à faire disparaître son édition dans le moment qu'on
» l'en avertirait, et on lui promettait de lui faire parvenir cet avis
» avant qu'il ne fût fait des recherches chez lui.

» On pouvait donner à ce genre de permission le nom d'assurance
» d'impunité, le lieutenant de police en était chargé et non le ma-
» gistrat de la librairie. Lorsque le magistrat de police n'avait pas
» de confiance dans la discrétion du libraire, c'est par des subal-
» ternes qu'il lui faisait assurer l'impunité. Il n'y avait, bien en-
» tendu, aucune trace écrite de cette administration clandestine. »

Les livres défendus passaient dans les carosses les plus
respectés, et pour rendre les progrès de la fraude plus
rapides, on se servait de petites presses portatives qu'on
enfermait dans une armoire et avec lesquelles chaque
particulier pouvait, au besoin, imprimer lui-même et sans

bruit. M. de Malesherbes dit qu'il en existait alors plus de cent à Paris.

Enfin notre directeur de librairie exposait son système en matière de presse, et concluait à une liberté à peu près complète, avec abolition de la censure préalable, dont il signalait les inconvénients.

M. De Malesherbes, si expansif dans son écrit, se dispense de dire à quels ouvrages les permissions tacites non écrites furent accordées, de son temps, ce serait fort curieux à connaître aujourd'hui.

Les preuves de permissions tacites écrites se trouveraient, sans doute, plus aisément, car, outre leur inscription sur un registre, elles étaient, paraît-il, adressées aux intendants de provinces, afin qu'ils eussent à laisser vendre et débiter certains ouvrages indiqués.

Des livres ont été brûlés par le bourreau à Amiens, ainsi qu'on l'a vu à la page 21 ; mais, grâce à Dieu, la flamme du bûcher a épargné l'auteur et l'imprimeur.

Depuis 1562 ce genre d'exécution juridique ne s'est pas renouvelé ; il n'y a plus à constater dans notre ville que des condamnations d'écrits et une suppression d'imprimerie.

En 1677, Mgr Faure, évêque d'Amiens, condamne et défend certains ouvrages imprimés sans sa permission ; il se plaint de ce que le catéchisme a été falsifié, qu'il a été introduit des doctrines pernicieuses dans les livres portant les titres de : *Prières du chrétien*, — *Abrégé de la doctrine chrétienne*, — *Prières et cantiques spirituels*, *etc.*

« Il s'est trouvé, dit ce prélat, des imprimeurs assez hardis pour » imprimer ces livres sans notre permission, contre la défense des » saints conciles et particulièrement celui de Trente. Nous avons » supprimé et supprimons les dits catéchismes et livrets avec dé-

» fense de les vendre sous peine d'excommunication. » (Voir les actes de l'Église d'Amiens, par Mgr Mioland.)

Un arrêt du Conseil, du 18 mars 1737, ordonne, sur la réquisition de M. de Chauvelin, intendant de Picardie, la suppression de plusieurs ouvrages saisis sur le sieur Ch. Redé, imprimeur à Amiens, qui fut déclaré déchu de sa place avec interdiction d'exercer ; ses presses, caractères, papiers, et généralement tout ce qui était à l'usage de son imprimerie, fut déclaré confisqué et vendu, pour le prix être appliqué au profit de l'hôpital général d'Amiens. Ces ouvrages, encore sous presse, concernaient les affaires de l'Église et auraient pu, suivant l'arrêt, faire renaître d'anciennes disputes ou en exciter de nouvelles. Le procès-verbal de saisie, dressé par le sieur Vaquette, subdélégué de l'intendant en la ville et élection d'Amiens, constatait que ces livres étaient imprimés sans aucun privilège ni permission, et que toutes les feuilles qui avaient pu être trouvées, avaient été déposées au greffe de la subdélégation. D'après cet arrêt, toutes les feuilles d'impression mentionnées au procès-verbal de saisie devaient être mises au pilon, en présence de tous les imprimeurs et libraires de la ville d'Amiens, convoqués à cet effet, extraordinairement, en la Chambre syndicale.[1]

C'est aussi sous M. de Chauvelin que certaines rigueurs ont été exercées contre un écrit de M. Baron, membre de l'Académie d'Amiens, intitulé *le Jubilé calotin*. Les poursuites que cet intendant voulait exercer avaient mis toute l'Académie en émoi, en sorte que M. de Chauvelin finit par écrire à M. Desmery, directeur de l'Académie,

---

[1] Cet arrêt est rapporté dans le code de Saugrain et dans l'ouvrage de M. Peignot, déjà cités.

de conseiller à M. Baron un désaveu authentique, pour éviter une condamnation.

Je n'ai pu voir qu'une copie de cette pièce, qui n'a peut-être même pas été imprimée ; car, à cette époque, un certain nombre d'écrits, pour ou contre le *jubilé calotin*, et même contre l'intendant, ont circulé en manuscrit et n'ont jamais été livrés à l'impression (1751).

Un livre du P. Daire lui-même ne fut pas à l'abri de la rigueur des lois, bien qu'il ait paru avec permission du maire, M. Galand ; les exemplaires en furent saisis par ordre de M. Galand même, et le colporteur fut arrêté, en même temps que défense était faite à l'imprimeur d'en débiter aucun exemplaire. Ce livre portait pour titre : *Les merveilles de la Fontaine d'amour, ode dédiée aux buveurs d'eau*. La veuve Godart en était l'imprimeur ; elle avait déguisé son nom et son adresse par l'indication : *au Pont-Euxin, chez François Canard, à l'enseigne du Verseau*. (Voir la description de cet ouvrage dans la 2me partie.)

En 1755 les maire et échevins supprimèrent un journal qui avait paru sans leur permission et qui portait pour titre : *le Spectateur picard au cap de Bonne-Espérance, chez L'Hottentot, à l'impartialité.*[1]

Ce journal anti-religieux ne porte aucun nom d'imprimeur ni d'auteur, et les registres de l'échevinage ne font pas mention de cette suppression.

Il sera parlé dans la description qui forme la 2me partie de ce travail de diverses autres condamnations. Il suffit de citer ici ces quelques cas différents pour faire connaître de quelle manière et par quelles autorités les droits de répression étaient exercés à Amiens. On voit qu'ils apparte-

---

[1] *Essai de Bibliographie*, par M. Dufour, extrait des *Mém. de la Soc. des Antiq. de Picardie.* — V. note sur ce journal, 2e part. du prés. ouv.

naient à l'autorité ecclésiastique, représentée par l'évêque, à l'autorité royale, représentée par l'intendant, et à l'autorité municipale, déléguée aux maire et échevins. Les imprimeurs devaient demander les permissions spéciales à l'une ou à l'autre de ces autorités [1], selon la nature de l'ouvrage. Les livres concernant la justice et les tribunaux ne pouvaient paraître qu'avec la permission particulière du chef de la justice. Une sentence rendue par le bailliage d'Amiens, en exécution d'un arrêt du Conseil d'État, du 6 octobre 1667, faisait défense d'imprimer et de vendre sans privilége scellé du grand sceau et sans permission expresse du principal magistrat du lieu. Cette sentence fut rendue sur la requête de Guislain-Lebel, l'un des imprimeurs d'Amiens.

Les magistrats refusaient aux protestants la permission de faire imprimer leurs livres à Amiens ; l'ouvrage du chanoine Viseur, sur l'Eucharistie, nous en fournit la preuve en ce qui concerne le protestant Le Hucher. Voici le passage qui a rapport à ce fait : « Le Hucher demande que je lui obtienne du magistrat congé d'imprimer ses livres à Amiens ; il m'a très-mal choisi pour plaider sa cause, que je déteste. » ROSSIER, *Histoire des Protestants de Picardie*, 1861.

Jusqu'à l'époque de l'établissement des censeurs royaux, l'examen des livres à imprimer était confié à des théologiens, souvent choisis dans les ordres des Capucins et des Augustins. C'est ainsi, par exemple, qu'on voit le

---

[1] Des ouvrages ont été imprimés en vertu de permissions générales accordées aux communautés ecclésiastiques et séculières, jusqu'au 4 juin 1674, et à quelques particuliers jusqu'au 13 mai 1686. Ce sont, sans doute, les livres qui portaient les simple mentions : *avec permission* ou *avec approbation*.

Bref Idyliacq de Demons, soumis en 1663, à l'approbation des séraphiques théologiens F. Paulin, F. Ambroise et F. Michel-Ange, tous trois de l'ordre des capucins. Voici la formule constatant cette approbation :

« Nons avons vu votre bref idyliacq, que nous trouvons fort bon
» pour être mis en tête de vos *blasons anagrammatiques* et servir de
» préparation à leur sérieuse lecture. En foi de quoi nous avons,
» tous trois, signé ce billet. — Fait au couvent d'Amiens, le 17
» juillet 1663. »

Les livres imprimés à Amiens sont, en général, revêtus de la mention d'accomplissement des formalités préalables à l'impression et exigées par les règlements, tels que : les *approbation, permission* et *privilége*. Il s'en trouve fort peu qui ne contiennent aucune de ces indications.

Les journaux, avant 1791, sont toujours revêtus de la permission du lieutenant de police ; ils mentionnent aussi parfois le privilége du Roi.

M. Boullet de Varennes, avocat, fut pendant longtemps censeur royal à Amiens. Il donnait ainsi son approbation :

« J'ai lu par l'ordre de Mgr le Garde des sceaux (suit le titre du
» livre), et je n'y ai rien trouvé qui puisse en empêcher l'impression
» et le débit. »

Un décret impérial de 1810 avait établi des *Inspecteurs de l'imprimerie et de la librairie*, dont les fonctions consistaient à constater les délits et contraventions. Ces inspecteurs furent supprimés en 1815 ; M. Raoul occupait alors cette place à Amiens.

Une ordonnance du roi Louis XVIII, rendue le 1er avril 1820, avait institué une *Commission de trois censeurs* près du préfet de chaque département ; cette commission était chargée de l'examen préalable des journaux et écrits périodiques. Elle devait rendre compte de ses opérations au moins une fois par mois au *Conseil de surveillance de la censure*, qui était établi à Paris. C'est en 1822 que cette commission a cessé de fonctionner.

VIII.

Ouvrages des hommes célèbres et des Sociétés savantes
avant 1789. — Les procès, factums et mémoires. — Productions diverses de l'imprimerie à Amiens. — Indication
des Bibliothèques publiques et particulières actuelles où
se trouvent ces productions.

On sait que la ville d'Amiens s'est illustrée de bonne
heure par les sciences et les lettres [1], et qu'elle fut la patrie
d'hommes célèbres, tels que Ducange, Voiture, Gresset [2],
Delambre, Le Grand d'Aussy, et un grand nombre d'autres
qui ne peuvent être tous cités ici. Les chanoines de l'église
d'Amiens ont laissé de nombreux écrits qui datent d'une
époque fort reculée. Robert Paululus, mort en 1192, nous
a transmis un manuscrit traitant des consécrations des
églises, des sacrements, des ornements, des habits ecclésiastiques, etc. Ce manuscrit a été imprimé dans les
œuvres de Hugues de Saint-Victor. Il serait à désirer que
cet ouvrage, perdu dans plusieurs volumes in-folio, fût réimprimé séparément.

[1] Voir les ouvrages du P. Daire et ceux de M. Dusevel, lauréat de
l'Institut, notamment son *Histoire d'Amiens.*

[2] Le mariage de cet homme célèbre avec Mlle Galand, citée pour sa
beauté et ses essais poétiques, a donné lieu à la raillerie de s'exercer
avec une certaine malice. Plusieurs pièces manuscrites de vers, de
prose et de patois, qui ont alors circulé clandestinement, cherchaient à
prouver à Mlle Galand qu'un savant n'est pas toujours un mari... parfait. (Cabinet de M. Caumartin.)

Il y avait au XIIIe siècle des auteurs et des poètes, entr'autres ceux dont les noms suivent : Richard de Fournival, connu par son *Bestiaire d'Amour*, qui vient d'être
publié pour la première fois et édité à Paris par le libraire
Aubry. On a attribué aussi à Richard le roman d'*Abladane*,
dont le manuscrit appartient à M. le comte de Mailly ;
mais quelques savants pensent aujourd'hui que notre
poète a seulement coopéré à la traduction de ce roman [1].

Richard de Fournival a laissé un manuscrit qui est un
catalogue et en même temps un essai de classification bibliographique composé pour une bibliothèque fondée par
lui et dont il fit présent à la ville d'Amiens. Ce manuscrit,
qui a pour titre latin *Biblionomia*, est fort curieux et devait
être publié par M. Lebas, ainsi que le fait connaître
M. Cocheris dans son ouvrage intitulé *Notices et Extraits
de Documents, Manuscrits, etc.*

Richard était issu de l'union de Roger Fournival, médecin de Louis VIII et du roi Saint-Louis, et d'Elisabeth
de La Pierre, mère, par un précédent mariage, de Pierre
d'Arnoul, évêque d'Amiens, en sorte qu'il était frère
utérin de ce prélat et cousin germain de Thibault, archevêque de Rouen, tous natifs d'Amiens ; il fut fait chancelier de l'église de cette ville en 1240, et eut quelques
démêlés avec l'évêque, ainsi qu'on peut le voir dans le
manuscrit de Decourt.

Hustache ou Eustache, l'auteur du fabliau du *Boucher
d'Abbeville*, ayant vécu vers l'année 1300 ; ce fabliau, pour
avoir été composé à cette époque reculée, n'en est pas
plus décent, ainsi qu'on peut le voir dans les œuvres de
Duverdier et dans l'*Histoire littéraire* du P. Daire. Ces

---

[1] Voir *Quelques Extraits du roman d'Abladane*, publiés par M. Dusevel. Amiens, Lenoël, 1858, in-8°.

deux écrivains racontent en termes plus que naïfs le parti
pécuniaire et gaillard que sut tirer d'un mouton et de sa
peau ce boucher séducteur et rapace, à l'encontre d'un
doyen trop confiant et de, ses gouvernantes trop enflam-
mables.

Jean Drouin, Drouyn ou Droyn, bachelier ès-lois au
xvi⁰ siècle, fut un traducteur fécond, sinon irréprochable ;
il a traduit notamment la *Grand nef des Folles, selon les*
cinq sens de nature et l'évangile de Mgr. saint Mathieu, des
cinq vierges qui ne prindrent point d'uylle (d'huile) avec
elles pour mettre en leurs lampes. Le tout en un volume
in-4⁰, imprimé à Paris, en 1501, par de Marnef pour Trep-
perel, et à Lyon en 1583.

Drouin annonce qu'il a fait cette traduction pour retirer
les folles de leur volupté.

Eve paraît d'abord et convient qu'elle fut la première
et la plus grande des folles :

> Ce fut quand la pomme je veiz
> Dont je mangé que cher nous coutte,
> Je puis dire, à mon advis,
> Tel à beaux yeux qui ne voit goutte.

Après les cinq chapitres des sens, on en voit un intitulé
Gaudeamus, concernant la luxure. En parlant de la danse,
les folles sont comparées aux sauterelles, et l'ouvrage se
termine par une exhortation pour les engager à rentrer
dans la nef divine.

Michel Vascosan, célèbre imprimeur, est né à Amiens
en 1500, et il est mort en 1576, à Paris, où il s'établit fort
jeune et où il eut, pendant 44 ans d'exercice, les plus grands
succès par la perfection de son art et la correction de ses
textes. Il fut un des premiers à rejeter les caractères go-

thiques pour adopter les types romains, et c'est le second imprimeur de France qui ait porté le titre d'imprimeur du roi.

La ville d'Amiens a voulu honorer la mémoire de cet homme illustre en donnant à l'une de ses rues le nom de Vascosan.

Vascosan a imprimé les ouvrages de son compatriote Jacques Dubois, dit Sylvius.

Simon de Colines, autre imprimeur parisien également fameux, est originaire du Ponthieu, selon le P. Daire. Il imprima quelquefois pour ses compatriotes picards, notamment pour Charles Bovelle ou Bouvelle, chanoine de Noyon, un livre de géométrie, en 1542; et plusieurs ouvrages du médecin Fernel.

Michel Vascosan et Simon de Colines formaient, pour ainsi dire, une même famille avec Josse Bade et Robert Estienne, par suite d'alliances matrimoniales et de travaux communs.

C'est par Josse Bade qu'ont été imprimés, à la fin du xv⁰ siècle et au commencement du xvi⁰, les divers ouvrages de Pierre de Burrus, chanoine d'Amiens, dont on voit le tombeau dans la cathédrale de cette ville.

Robert Estienne a imprimé, en 1560, les œuvres poétiques de Jacques Grevin, médecin d'Amiens; mais l'ouvrage le plus curieux de cet auteur, *les deux Livres des Venins*, a été imprimé à Anvers, par Plantin.

Tous ces ouvrages sont mentionnés dans le *Manuel Brunet*.

Le *Collége* dirigé par les Jésuites, la Société littéraire de la confrérie du *Puy-Notre-Dame*, la compagnie connue sous le nom de *Cabinet des Lettres*, et plus tard l'*Académie*, étaient autant de foyers rayonnants d'où sont sortis des hommes et des œuvres de mérite [1].

Plusieurs publications de l'Académie et des savants de cette époque ont été confiées aux imprimeurs d'Amiens.

Les presses locales n'ont produit néanmoins que peu d'ouvrages véritablement importants avant la Révolution. C'est à Paris que ces sortes de travaux s'exécutaient, parce que les manuscrits étaient, le plus souvent, cédés à des éditeurs de cette capitale.

Plusieurs imprimeurs de la cité picarde auraient pu, certainement, mener à bonne fin de grands travaux. Les Hubault et les Caron, Guislain Lebel, Musnier et Godart, aux XVIIe et XVIIIe siècles, se sont distingués par plusieurs impressions parfaitement exécutées : beaux caractères et bon papier ; ils n'oubliaient pas ce chapitre réglementaire. Je signalerai plus loin des livres imprimés par eux qui ne sont pas indignes de la recherche des bibliophiles picards et étrangers.

Une source d'occupation pour l'imprimerie Amiénoise, dans les deux derniers siècles, ce fût les factums et les mémoires engendrés par les nombreux procès qui ont eu lieu entre la ville, les communes, les évêques, le chapitre, le clergé, les communautés, les seigneurs et les particuliers,

---

[1] Voir les divers manuscrits et publications locales déjà cités. M. Baron, à la séance publique de l'Académie d'Amiens du mois d'octobre 1750, avait lu un discours sur la nécessité d'admettre les femmes dans les sociétés littéraires, et comme on lui supposait l'intention d'y faire entrer Mlle Galand, le P. Daire fit à cette occasion l'épigramme encore inédite que voici :

> « Sot abus qu'un seul secrétaire
> » Dans un corps où souvent l'esprit doit s'étaler,
> » Qu'on charge Baron de se taire,
> » Qu'on prenne Galand (Mlle Nanette) pour parler. »

à propos de droits, priviléges, redevances, voirie, navigation, etc., sans compter ce qu'on appelait les *droits de
travers,* sorte d'impôt à payer à l'entrée ou à la sortie des
communes ou seigneuries, et qui donnait lieu à des débats interminables. C'était vraiment le bon temps de la
chicane. Il ne faut pas, après cela, s'étonner de voir ce fa-
cétieux dicton inscrit par Galliot-Dupré au frontispice du
grand Coutumier de France :

> Le baillif vendange, le prévost grappe,
> Le procureur prend, le sergent happe,
> Le plaideur n'a rien s'il ne leur échappe.

C'est tout naturellement à la Bibliothèque Communale
que se trouve la plus grande quantité d'imprimés provenant des presses amiénoises ; c'est là aussi qu'ils ont été
recueillis et décrits avec le plus de soin par le conservateur actuel, M. Garnier. Les catalogues dressés par ce dernier avec une exactitude que personne ne peut mécon-
naître m'ont fourni d'utiles renseignements. Ceux de ces
catalogues actuellement publiés comprennent *l'histoire,
les belles-lettres, la médecine, les sciences et les arts.* Ils
permettent de constater que le dépôt communal possède
environ 120 ouvrages et brochures de divers genres, provenant de l'imprimerie d'Amiens depuis son origine jusqu'à
l'année 1700 ; les trois quarts de ces imprimés figurent
dans les deux classes des belles-lettres et de l'histoire.

Les bibliothèques particulières contiennent bon nombre
de livres issus des presses locales qui ne sont point représentés dans les dépôts publics. Parmi ces collections particulières, je dois mentionner surtout celle de M. Caumartin, comme renfermant de rares documents, entr'autres les
manuscrits précieux de Villers de Rousseville, auteur du

Nobiliaire de Picardie, de Lecouvreur, de Boulainvilliers, de Monsur-Graval, etc. M. Caumartin n'est pas avare de toutes ces richesses, il y laisse puiser des renseignements avec une bienveillance au-dessus de tout éloge.

M. Caumartin possède un des exemplaires les plus complets que l'on connaisse du *Nobiliaire de Picardie*, recueilli par N. *de Villers* de Rousseville, et non *Villiers*, comme l'ont écrit quelques bibliographes. Ce nobiliaire est indiqué dans le *Manuel Brunet* comme ayant été imprimé à Amiens de 1708 à 1717 : il n'existe à cet égard aucun renseignement positif dans les manuscrits de De Villers de Rousseville ; on pourrait plutôt conclure de quelques vagues indications que ce livre aurait été imprimé à Paris, au fur et à mesure de la vérification de chaque généalogie, de 1697 à 1717. Ce qui serait toutefois contraire, quant à la date, à l'avis du P. Daire, lequel mentionne dans son *Histoire littéraire* que ce nobiliaire ne parut qu'en 1717, sans parler du lieu de son impression. Nous ignorons donc si l'indication donnée par M. Brunet est la meilleure.

Une bibliothèque que l'on peut également citer, c'est c'est celle de M. V. de Beauvillé. Elle renferme les livres les plus rares que nos imprimeurs aient produits ; j'ai indiqué seulement quelques-unes de ces raretés ; mais, en bibliophile érudit, M. de Beauvillé saura bien nous faire connaître un jour les richesses de ce genre que son cabinet contient, par une de ces splendides publications dont il a déjà donné généreusement l'exemple, en dotant sa ville natale d'une histoire savante et admirable de luxe typographique. (*Histoire de Montdidier*, Paris, Didot, 1857, 3 vol. in-4°).

M. l'abbé Corblet ne se contente pas de mettre au jour des ouvrages appréciés par les savants, il veut prouver qu'il ne dédaigne pas les œuvres d'autrui en collectionnant les imprimés qui intéressent la Picardie et dont il possède un remarquable choix. Son cabinet renferme plus d'un spécimen des productions les plus rares de l'imprimerie d'Amiens.

Beaucoup d'autres bibliothèques particulières, notamment celles de M. le marquis de Clermont-Tonnerre, de Mᵐᵉ Guerard, de M. Dusevel, de M. Bazot, de M. Le Correur, de M. Le Riche, de M. G. Rembault, de M. A. Janvier, etc., dont les noms sont déjà cités ou le seront dans la 2ᵉ partie du présent ouvrage, renferment des imprimés intéressants sortis des presses locales.

IX.

Productions et Statistique de l'Imprimerie, pendant et après la Révolution de 1789, jusqu'à nos jours.— Caractère et emblêmes des écrits aux époques révolutionnaires. — Les journaux, les brochures de circonstance, les livres à la mode.

L'époque révolutionnaire a été féconde pour l'imprimerie d'Amiens. Le personnel s'était accru par suite du décret du 17 mai 1791, qui avait rendu libres toutes les professions. Plusieurs imprimeurs avaient formé entr'eux une association. Le nombre des presses typographiques fut élevé à onze.

Les entraves apportées jusque-là à la liberté de la presse avaient disparu en principe depuis 1789, d'après un décret de l'assemblée nationale; mais elles furent surtout anéanties par les constitutions de 1791, 1793 et 1795, d'après lesquelles nul ne pouvait être empêché de *dire, écrire, imprimer et publier sa pensée*, et cette liberté ne pouvait être *interdite, suspendue ni limitée*. C'était assurément la conception la plus étendue et la plus admirable qu'il fût possible de désirer pour l'émancipation intellectuelle, celle dont l'application est généralement considérée comme ayant encore ses dangers.

Avec la liberté absolue, chacun avait beau jeu à Amiens, comme ailleurs ; aussi s'en donnait-on à cœur joie : chaque

club avait ses orateurs et ses écrivains, chaque jour voyait
éclore les élucubrations les plus diverses. Une telle profu-
sion de paroles et d'écrits ne manquait pas de se transfor-
mer en feuilles d'impressions. Cette nouvelle branche
d'industrie n'a pas profité également à tous les imprimeurs. Pour quelques-uns, et pour un d'eux surtout, le
règne de l'égalité ne fut malheureusement qu'une chi-
mère. Cet imprimeur pourtant ne s'est pas plaint : Caron
l'aîné, fidèle à d'autres principes que ceux de la révolution, s'était silencieusement résigné à attendre le retour
de jours meilleurs et plus profitables à son établissement.

On verra, dans la deuxième partie de cet ouvrage, la
description de quelques-uns des écrits qui ont été imprimés
à Amiens pendant la révolution et qui portent bien le cachet de leur époque. On n'aperçoit pourtant pas, il faut
s'empresser de le reconnaître, dans le style des écrivains
picards, ces idées sanguinaires, cette férocité qui ont éclaté
à Paris et ailleurs. Dans ce moment de déchaînement général, la cité amiénoise a su garder un calme relatif, qu'elle
a dû au bon esprit de sa population et aux moyens
employés par André Dumont pour résister à son affreux
collègue Lebon. Par une politique habile, il a su con-
jurer plus d'un péril et soustraire de nombreuses vic-
times à la guillotine. Aussi le conventionnel Dumont, s'il
a eu des torts, a-t-il pu dire du moins en toute sincérité :
« On me demandait des flots de sang et j'envoyais des
flots d'encre. »

M. de Pongerville, un des premiers, le cardinal de
Latour-d'Auvergne, et d'autres personnes fort honorables
ont réhabilité André Dumont et constaté les services qu'il
a rendus [1].

---

[1] Ces faits sont attestés par un grand nombre de documents manus-

Parmi les pièces imprimées qui ont un cachet révolutionnaire local, on remarque surtout les publications de la Société des amis de la constitution et de la société populaire, ornées des emblêmes variés de la Révolution, avec les mots *vivre libre ou mourir,* ou toute autre devise significative accompagnée de dates mémorables.

, On voit également des emblêmes sur les cartes de sûreté qui étaient délivrées aux citoyens. Elles portent en titre : RÉPUBLIQUE FRANÇAISE ; au milieu se trouve une vignette représentant la Liberté placée au milieu d'un soleil rayonnant, tenant dans une main la pique surmontée du bonnet phrygien et appuyée de l'autre sur un faisceau ; au revers se trouve le signalement manuscrit du porteur, suivi de sa signature et de celles des officiers municipaux avec leur cachet. Ces cartes sont de format in-18.

Il y avait aussi des imprimés, même pour les déclarations d'approvisionnements sur le marché aux grains. Chaque citoyen se présentait au bureau des subsistances de l'administration municipale, déclarait le nombre des membres de sa famille et la quantité de grains qui lui était nécessaire ; on lui délivrait ensuite l'imprimé qui vient d'être cité, portant la permission d'acheter la quantité de grains autorisée, en vertu d'une loi du 7 vendémiaire an IV ; au dos se trouvaient les vus manuscrits mis à chaque achat par les employés préposés à cet effet.

La Restauration et les événements de 1815 ont fourni aux presses amiénoises l'occasion de se signaler par quel-

crits qui formaient les archives d'André Dumont, et qui ont été compris en partie dans plusieurs ventes publiques, dont une a eu lieu à Amiens le 1er juillet 1858, avec catalogue analytique. Plusieurs de ces documents ont d'ailleurs été reproduits dans le *compte-rendu d'André Dumont à ses commettants.*

ques brochures de circonstance. Plusieurs pièces de vers ont aussi été composées et imprimées à l'occasion de ces événements.

La révolution de 1848, imitant l'exemple de son aînée, a eu recours, comme elle, à des brochures pour faire connaître ses théories nouvelles. C'est, au reste, un mode très-expéditif, en vogue aujourd'hui plus que jamais, pour exposer ses principes, ses doctrines et ses vues, les soutenir et combattre les opinions d'autrui. La typographie d'Amiens n'a pas produit alors un grand nombre de pièces de cette nature, et celles que j'ai pu voir sont écrites avec une certaine modération [1]; la religion y est généralement respectée.

C'est surtout dans les journaux de cette époque : L'*Impartial*, le *Démocrate*, le *Journal de la Somme*, l'*Ami de l'Ordre* et le *Courrier de la Somme*, que l'on peut suivre le cours des idées démocratiques, communistes ou socialistes, monarchiques ou réactionnaires, émises et discutées avec plus ou moins de passion par les divers partis. Ces journaux seront, dans l'avenir, un curieux et intéressant sujet d'étude sur les personnes et sur les choses. Les professions de foi faites par les candidats dans les assemblées électorales ne seront pas non plus à rejeter plus tard.

L'imprimerie, en 1848, n'était pas en dehors de l'autorité des commissaires du Gouvernement et de leurs délégués. Un de ces derniers, sous-commissaire du département de la Somme, a adressé aux différents imprimeurs d'Amiens, le 11 avril 1848, une dépêche manuscrite, ayant

---

[1] Une biographie des représentants de la Somme, dépassant les bornes de la modération, a été supprimée et mise au pilon en 1849 ; l'auteur est M. Hamet.

pour but de défendre l'impression d'affiches émanant d'un autre sous-commissaire.

Cette dépêche porte en.tête les mots de *Liberté, Égalité, Fraternité* [1].

En général, les livres varient moins par l'exécution matérielle que par le style. Cependant il est à remarquer qu'aux époques révolutionnaires, et surtout en 89, les imprimés ont un cachet extérieur particulier. Le format in-4° est assez souvent choisi; le papier est parfois de mauvaise qualité. A l'aspect seul du papier, on distingue presque à coup sûr les travaux des différents imprimeurs : Caron l'aîné conserve, à peu d'exceptions près, le bon papier blanc vergé, et autant que possible la fleur de lis ; Caron-Berquier emploie un papier plus démocratique, tirant sur le bleu ou le roux, accompagné des emblêmes révolutionnaires, mais ses caractères sont irréprochables. Les imprimeurs associés vont beaucoup plus loin dans la voie du mauvais.

Les lois restrictives de la liberté d'écrire, qui sont survenues dès 1796, sous le Directoire; les lois préventives et répressives du Consulat, de l'Empire et de la Restauration, ont un peu ralenti le travail des presses typographiques [2], dont le nombre n'a cependant jamais diminué, comme on va le voir ci-après; celui des titulaires seul a été restreint. Les associations formées, à l'origine de la Révolution, entre divers imprimeurs, se sont dissoutes au bout de quelques années. En 1797, Mlle Varlé abandonnait

[1] Pièce originale. (Cabinet de M. Bazot.)

[2] Il est à remarquer que les législateurs se sont surtout préoccupés des journaux et des publications périodiques, instruments politiques de toutes les époques. Le droit de suppression ne date pas d'aujourd'hui.

déjà ses co-associés de la grande rue de Beauvais, dont l'établissement était connu sous le nom d'*Imprimerie des Associés*.

En 1806, on comptait encore onze presses typographiques à Amiens, étant entre les mains de quatre titulaires; il y en avait treize en 1810 et cinq titulaires, dont deux à vie seulement, en vertu de la nouvelle organisation décrétée le 5 février 1810.

Pareil nombre d'imprimeurs existait en 1826, plus un imprimeur lithographe. En 1834, on ne comptait que quatre imprimeurs typographes, mais on trouvait quatre établissements lithographiques. L'année 1847 vit encore s'accroître le nombre des presses et des imprimeurs.

Enfin une statistique, récemment publiée dans le journal *Le Gutemberg*, par un typographe amiénois, nous fait connaître que la ville d'Amiens possède actuellement sept imprimeurs en lettres, dix machines et dix-huit presses, plus vingt-deux presses lithographiques. Cet immense matériel semble beaucoup trop considérable au rédacteur de cette statistique, qui a soin de constater que toutes les presses ne fonctionnent point, et que les travaux de ville ne suffisant pas, il faut faire appel à ceux du dehors. Il est certain, en effet, que plusieurs établissements exécutent des travaux considérables que des éditeurs étrangers ne dédaignent pas de leur confier. L'imprimerie Jeunet, par exemple, qui s'occupe plus particulièrement de ce genre de travaux, fait sortir de ses presses, mises en mouvement par la vapeur, des milliers de volumes annuellement, pour des éditeurs Suisses seulement, indépendamment de ceux qu'elle livre aux éditeurs Parisiens, de ses occupations courantes de ville et d'un journal quotidien. Plus d'un lecteur des charmants volumes de l'édition Charpentier n'a pas toujours remarqué que certains ouvrages de Théophile Gautier, que le *Schiller,* que le *Roman grec*, que le *Chasseur rustique*, etc., sortent des presses de M. Jeunet.

.Les Sociétés savantes alimentent l'imprimerie aujourd'hui plus que jamais. L'Académie et la Société des Antiquaires de Picardie notamment, publient des Mémoires où se révèlent les divers talents des membres de ces Sociétés. Ces publications sont depuis longtemps comme le patrimoine de l'imprimerie Lemer, successeur de Herment, Duval, Machart, dont les presses ont mis au jour un grand nombre d'ouvrages concernant la localité.

.Il est pour ainsi dire de mode, même en dehors des cercles savants, de s'occuper de recherches historiques, artistiques, archéologiques et autres, et d'écrire sur ces divers sujets. Pour peu que ce mouvement continue, il est certain que rien ne périra faute d'écrivains. Mais, quoiqu'il arrive de cette fécondité, l'imprimerie ne craint plus d'être devancée, elle a pour auxiliaire la vapeur, dont la rapidité peut défier celle des auteurs.

Les œuvres de la typographie moderne n'ont pas besoin d'être longuement signalées pour que le mérite de leur exécution soit reconnu ; chacun les possède et peut en juger. Je me contenterai donc d'en faire figurer un certain nombre dans la deuxième partie de ce travail, et je me bornerai à constater ici que des travaux importants peuvent être exécutés avec tout le soin désirable par les établissements actuels de la ville d'Amiens, qui certes ne voudront pas s'arrêter dans la voie des améliorations, et réaliseront tous les perfectionnements encore possibles.

Il faut, aujourd'hui, que les imprimeurs de province suivent et appliquent résolument les progrès de l'art typographique dans toutes ses branches, c'est pour eux un incontestable moyen de prospérité. Alors, l'auteur de la

Physiologie de l'imprimeur n'aura plus le droit de dire : « C'est un triste métier que d'être imprimeur en province, croyez-moi, ne le soyez jamais. » L'atelier redoublera d'activité, on verra plus que jamais les employés grands et petits, la tête ornée du classique bonnet de papier, manier les caractères, faire gémir les presses, d'où sortiront de charmants volumes qui feront les délices des bibliophiles ; l'ouvrier n'aura plus à se lamenter sur l'imprimerie d'Amiens en particulier, à propos de laquelle le même auteur de la *Physiologie* attribue au *caleur* (ouvrier voyageur) ce langage peu flatteur, dont chacun saura bien, toutefois, apprécier l'exagération : « Ah ! j'ai travaillé à Amiens pendant un mois ; mais je croyais que j'y serais mort d'ennui ! » L'ouvrier *caleur* n'est pas, comme on le sait, facile à contenter.

X.

JOURNAUX ET OUVRAGES PÉRIODIQUES

avant et depuis 1789.

Les ouvrages périodiques et les journaux, les travaux des Académies et des Sociétés savantes étaient déjà, au XVIIIe siècle, une branche d'aliment pour la typographie et sont aujourd'hui une de ses plus grandes occupations.

Le premier journal né à Amiens date de 1770, et c'est assurément un des plus intéressants ; il était intitulé : *Annonces, affiches et avis divers de Picardie, Artois, Soissonnais et Pays Bas-Français*, titre, du reste, plusieurs fois modifié. Il avait été fondé par Louis Godart fils, libraire, avec des bureaux d'avis et d'adresses établis rue des Rabuissons, vis-à-vis l'Arsenal, à l'instar de ceux qui existaient tant à Paris que dans plusieurs grandes villes du royaume et de l'étranger.

Un prospectus de quatre pages in-4°, paru en décembre 1768, trace le plan de cette feuille hebdomadaire, qui a commencé à paraître le samedi 6 janvier 1770, avec permission du Roi et du lieutenant-général de police d'Amiens, M. Petyst. L'abonnement était de 7 livres 10 sols par an,

franc de port dans tout le royaume. — Les annonces coû-
taient 12 sols, et il fallait donner 6 sols pour avoir communication du registre et des avis.

Les historiens et les poètes ne refusaient pas leur concours à ce journal. Delisle témoigne par une lettre qu'il
est flatté d'y voir des fragments et des comptes-rendus de
ses ouvrages.

On y trouve des notices par divers auteurs.

De Vermont a donné dans cette feuille son voyage pittoresque dans la ville d'Amiens, dont la publication séparée est difficile à trouver, et ses remarques sur le siége
de cette ville. La feuille du 25 septembre 1790 contient de
lui une lettre assez curieuse dont voici quelques passages.
Il demande l'établissement d'une bibliothèque publique à
Amiens [1].

« Les gens de lettres, dit-il, attendent pour cela, avec certitude
» l'instant où vont se briser les entraves du despotisme monacal,
» afin que la saine partie du public qui ambitionne le savoir puisse
» entrer sans obstacle dans le chartrier des muses. Là, le savant
» donnera l'exemple à la jeunesse pour l'avancer à pas de géants
» dans la *tortueuse* carrière des talents, ce qu'elle n'a pas fait depuis
» longtemps qu'à pas de pygmées. »

Une note indique que suivant l'inventaire fait par la municipalité, les bibliothèques des Prémontrés, de St-Acheul,
de St-Martin-aux-Jumeaux, des Augustins, des Feuillants,
des Dominicains, des Minimes, des Carmes et des Capu-

---

[1] Un projet semblable avait déjà été présenté, en 1775, ainsi qu'on
le voit par la mention suivante dans un registre aux délibérations de
l'échevinage : « Sur ce qu'il a été dit que les circonstances où les
» *Célestins* allaient quitter leur maison, seraient favorables pour l'é-
» tablissement d'une bibliothèque publique en cette ville, il a été ar-
» rêté qu'il serait conféré à ce sujet avec M. l'intendant. »

cins renfermaient 41,374 volumes environ. — Celle des Capucins avait été rendue publique par l'érudit Père Bellegueulle.

Parfois les annonces sont singulières et fort récréatives. On y trouve des demandes de compagnons pour faire, à frais communs, le voyage de Rouen ou toute autre excursion, etc. Il est inutile de multiplier ces citations, les curieux sauront bien trouver eux-mêmes dans cette publication ce qu'elle renferme d'utile ou de plaisant.

Après le décès de Louis Godart, arrivé à Paris, le 5 janvier 1777, la direction de cette feuille a été reprise d'abord par la veuve Godart, et ensuite par Jean-Baptiste Caron (l'aîné), du 4 octobre 1777 à juillet 1790.

Le titre d'*Affiches de Picardie* a été changé à cette époque pour celui d'*Affiches du département de la Somme*, continué jusqu'au mois de floréal an IX.

Pour remplacer cette publication, Jean-Baptiste Caron, l'aîné, fit paraître une autre feuille, dont le 1er numéro et en même temps le prospectus est du 6 floréal an IX (27 avril 1801), et avait pour titre : *Journal du département de la Somme*.

Caron l'aîné, qui était le rédacteur et l'imprimeur de ce journal, explique ainsi son programme dans ce numéro-prospectus :

« L'ancienne province de Picardie, connue aujourd'hui en partie » sous le nom du département de la Somme, a été une des pre- » mières qui ait eu l'avantage d'avoir des affiches particulières. » Leur existence remonte à plus de trente années, de manière que » ce genre de feuille est devenu une habitude générale qui ne con- » tribue pas peu aux jouissances des citoyens.

» Les temps difficiles qui ont précédé le calme heureux que nous » offre un Gouvernement chéri des Français ont apporté plusieurs » obstacles au succès de ces affiches ; elles seront dorénavant pré-

» sentées sous le titre aussi simple que naturel de *Journal du dé-*
» *partement de la Somme*, etc. »

A l'exemple de son aînée, cette nouvelle feuille, d'où la
politique était bannie [1], cherchait à se rendre agréable à ses
lecteurs. On y trouve des poésies et des articles littéraires,
dus en partie à la plume de M. Boinvillier, professeur de
belles-lettres à l'école centrale de l'Oise, des énigmes, des
charades et des logogriphes, quelques articles sur l'em-
bellissement de la ville et sur son histoire ; mais en général
elle offre moins d'intérêt que la feuille d'*affiches*, surtout
sous le rapport historique.

Un poète fort prudent est assurément celui dont la muse
discrète a publié ces vers dans la feuille du 10 nivôse an X,
sur les gens à projets :

> Quand vous méditez un projet,
> Ne publiez point votre affaire ;
> On se repent toujours d'un langage indiscret,
> Et presque jamais du mystère.
> Le causeur dit tout ce qu'il sait ;
> L'étourdi ce qu'il ne sait guère ;
> Les jeunes, ce qu'ils font, les vieux, ce qu'ils ont fait,
> Et les sots ce qu'ils veulent faire.

Le 28 décembre 1811 ce journal est devenu la propriété
de Maisnel, qui en fut aussi le rédacteur.

---

[1] Le nombre des journaux était déjà limité à cette époque, en vertu
d'un arrêté consulaire du 28 pluviôse an VIII ; et plus tard, un décret
impérial du 3 août 1810, ne permettait d'avoir qu'un seul journal par
département. Ce journal était placé sous l'autorité du Préfet et ne pouvait paraître sans son approbation. Un autre décret impérial du 14 décembre, même année, autorisait la publication de feuilles d'annonces
et de journaux de littérature, sciences et arts dans les diverses villes de
l'Empire.

Le *Journal du département de la Somme* a eu pour concurrent la *Décade de la Somme*, qui a commencé à paraître le 10 pluviôse an X, imprimé par Patin et Cie et signé Demanché.

Cette feuille, organe de la Préfecture, adopta le 10 pluviôse an IX un nouveau plan indiqué en tête du numéro de ce jour où se trouve une lettre du préfet Quinette adressée à la rédaction :

« La lecture de votre nouveau prospectus m'a convaincu, citoyens, que votre feuille décadaire serait d'une grande utilité pour les citoyens et les fonctionnaires publics.

» Je continuerai de vous donner communication de tous les actes de mon administration, dont la publicité est nécessaire. Je ferai encore pendant quelque temps l'envoi de votre décade aux principales communes du département. Si, comme je n'en doute point, vous remplissez vos engagements, les maires de toutes les communes seront intéressés à comprendre au nombre de leurs dépenses la somme modique à laquelle vous vous proposez de réduire leurs abonnements. Je désire le succès de vos efforts, comme un moyen de plus offert à l'administrateur pour correspondre sur tous les points de la Préfecture. » Signé : QUINETTE.

C'est à la fin de 1806 que ce journal, si chaudement appuyé, cesse de paraître sous le titre de *la Décade*, pour prendre celui de *Bulletin de la Somme*, qu'il conservait encore en 1811.

Plus tard est venu le *Glaneur*, journal politique et littéraire, celui de tous qui a eu la plus longue durée sous le même titre. Commencé en 1820, il ne cessa qu'en 1850, ayant existé 30 ans, sous quatre gouvernements ; il paraissait deux fois par semaine, et a été imprimé successivement par Aug. Caron, R. Machart, Duval et Herment.

Ce journal offre un véritable intérêt littéraire, historique et même archéologique ; il contient des vues lithographiées

des principaux monuments anciens et modernes de la ville
d'Amiens, avec un texte descriptif dont il a été fait un tirage à part.

MM. H. Dusevel et R. Machart (l'imprimeur) ont écrit
dans ce journal de nombreux articles. La collection complète du *Glaneur* est fort recherchée.

L'Indicateur du département de la Somme et *le Journal de
la Somme* étaient deux feuilles rivales ; la première imprimée par Caron-Berquier, depuis 1824, la deuxième par
Caron-Vitet, depuis 1816.

La plus jeune se permettait souvent de critiquer vertement son aînée ; celle-ci ripostait en qualifiant l'Indicateur
de don Carlos ! L'Indicateur du 1er septembre 1825 donne
la relation des fêtes qui ont eu lieu à Amiens à l'occasion
du séjour de la duchesse de Berry, à laquelle ont été faits
force compliments ; les dames du marché en ont présenté
un, rimé en patois picard, où le canal de Picardie n'est
pas oublié :

> Èd no fameux canal o fouètte ech' l'ouverture, etc.

Le *Journal d'agriculture et de commerce*, devenu ensuite
Journal de la Somme, imprimé par Caron-Vitet, contient,
outre les articles de son rédacteur Jourdain-Lecocq, des
articles signés Lapostolle, Trannoy, Raymond, ancien professeur de l'Université. Ce dernier a donné des notices qui
ne manquent pas d'intérêt sur le crucifix de Rue et sur
plusieurs monuments anciens de la province.

L'Abeille picarde, *la Sentinelle picarde*, *la Gazette de
Picardie*, *le Franc-Picard*, *le Journal de la Somme*, *le
Miroir de la Somme*, *le Courrier de la Somme*, *l'Ami de
l'ordre*, *le Démocrate*, *l'Impartial* et *le Commerce de la
Somme*, sont autant de journaux qui ont été publiés à

Amiens à différentes époques, avec plus ou moins de durée
et d'intérêt. Ils mériteraient presque tous une analyse qui
ne peut trouver place ici. Amiens a vu naître, en outre, une
vingtaine d'autres journaux, dont l'existence n'a été qu'é-
phémère ; en tout près de 40 feuilles, aujourd'hui dispa-
rues, et dont on peut voir en partie la nomenclature dans
les *Catalogues* de M. Garnier et dans la *Bibliographie* de
M. Dufour. Parmi ces dernières feuilles, *la Chronique de
Picardie*, fondée et rédigée par un écrivain dont la plume
et la personne étaient sympathiques aux Amiénois, paraissait destinée à un certain avenir, lorsque sa publication
fut malheureusement et brusquement interrompue dès le
10e numéro paru, le 16 septembre 1858. Je ne crois pas
me tromper en disant qu'Antonin Boudin, le rédacteur de
cette feuille, est encore regretté de ses lecteurs et de ses
lectrices ; chacun se souvient des amusantes causeries de
son journal. M. Boudin avait plusieurs collaborateurs picards, entr'autres M. A. J. et M. X. Y. Z. Sous ces dernières initiales, M. Louis Fée avait commencé la publication
d'une histoire de la presse amiénoise. La *Chronique de
Picardie* était imprimée par E. Yvert.

Les journaux publiés actuellement à Amiens sont au
nombre de six, dont deux seulement s'occupent de politique : le *Mémorial d'Amiens* et le *Journal d'Amiens*, qui
portait, avant 1861, le titre de *Napoléonien*.

Outre ces journaux, deux revues intéressantes paraissent
mensuellement :

La *Revue de l'Art chrétien*, recueil d'archéologie religieuse, dirigé par M. l'abbé Jules Corblet, connu par ses
ouvrages savants [1].

---

[1]. Cette revue, précédemment imprimée à Amiens par Caron et
Lambert, est aujourd'hui imprimée à Arras.

Et *la Picardie, revue historique et littéraire*, s'étendant aux départements de l'Aisne, de l'Oise, du Pas-de-Calais et de la Somme, imprimée chez Lenoël-Hérouart, et dans laquelle se trouvent de nombreux articles concernant l'histoire et les antiquités du pays et les hommes célèbres de la province. Cette revue a été originairement fondée par MM. Dutilleux, Vion et Decharmes, les deux premiers, membres de la Société des Antiquaires de Picardie, et le troisième membre de l'Académie de la Somme.

Ces deux revues sont accompagnées de dessins qui ajoutent à leur mérite.

Une publication hebdomadaire, la *Revue picarde*, paraît à l'imprimerie de M. E. Yvert, depuis le 1er janvier 1860. M. Yvert n'est pas seulement l'imprimeur de cette Revue, il en est aussi le redacteur, et il sait l'orner des fleurs de son talent poétique bien connu.

ALMANACHS.

Les almanachs ont fourni leur contingent à l'imprimerie. Il faut bien, quelquefois, prendre au sérieux ces petits livres éminemment populaires; plus d'un gros annuaire d'aujourd'hui a débuté par ce nom modeste et ne pourrait pas invoquer d'autre titre de noblesse. Certains almanachs ne sont-ils pas, d'ailleurs, actuellement recherchés, comme tout ce qui peut trouver place dans une collection; rien n'échappe à la passion et à l'ardeur des collectionneurs du xixe siècle. Un célèbre bibliophile parisien est, dit-on, à la recherche du premier de tous les almanachs parus, appelé le *planeten Buch*. Cet almanach n'a pas malheureusement été imprimé à Amiens; mais, à défaut de ce précieux livret, que sa rareté pourrait faire monter à plusieurs milliers de francs, notre ville peut offrir des almanachs utiles à plus d'un titre, pour son histoire locale.

Le premier à citer, suivant l'ordre des dates, est l'*Almanach spirituel*, à l'usage des laïques, composé par Michel Duneufgermain, rendu public en 1647 et réimprimé en 1673 par Guislain-Lebel, ainsi que l'annonce le P. Daire dans son histoire littéraire.

L'*Almanach historique de Picardie*, édité et imprimé par la veuve Godart d'abord, et par J.-B^{te} Caron (l'aîné) ensuite, est le plus intéressant de tous, à cause des notices historiques et littéraires et des renseignements de toutes sortes qu'il contient sur la ville d'Amiens et sur la Picardie en général ; le projet de cet almanach avait été conçu par le P. Daire, qui a contribué pendant quelques années au succès de cette publication par des documents justement appréciés aujourd'hui.

Cet almanach ne fut pas, lors de son apparition, en 1753, dispensé de l'examen du censeur ; mais ce magistrat n'a pas été cruel pour ce livret, au grand regret du *préservatif contre l'almanach de Picardie*, libelle anonyme paru vers 1754, et dont le titre fait suffisamment connaître le but.

En dépit du préservatif, l'almanach fit son chemin ; sa collection est aujourd'hui fort recherchée. C'est en 1792 que l'almanach de Picardie a cessé de paraître, après 40 ans d'existence.

Des almanachs nombreux et bien connus ont pourvu, depuis, très-largement à tous les besoins. Qu'il nous soit permis de citer à ce sujet M. Nisard [1] qui, en parlant des almanachs locaux, dit que MM. Caron et Lambert, à Amiens, éditent cinq almanachs, format elzévirien : l'*As-*

---

[1] Hist. des livres populaires. Paris, 1854, tome Ier, pages 13 et 14.

trologue picard, 21ᵉ année, sans pagination; le *simple*, le *double* et le *triple Mathieu Laensberg picard*, aussi sans pagination, et le *nouvel almanach de poche*, idem. M. Nisard ajoute : « Un pareil luxe s'expliquerait assez par le besoin de soutenir une concurrence redoutable ; mais M. Caron n'a pas de concurrents ; c'est donc par pur amour de l'art qu'il multiplie les êtres, et ses almanachs sont fort propres en effet. »

MM. Caron et Lambert n'éditent pas seulement des almanachs, mais ils publient, avec succès, un grand nombre de livres de piété et de livres classiques qui occupent une machine à vapeur et trois presses en blanc.

M. Alf. Caron, imprimeur et libraire, publie annuellement, depuis 1843, un annuaire qui est le Didot-Botin de la localité.

M. Dusevel, imitant l'exemple du P. Daire, avait conçu le projet d'un almanach annuel, historique, fort intéressant, sous le titre d'*Almanach du département de la Somme*. Cet almanach n'a paru qu'une seule fois, en 1841, sans nom d'auteur, et imprimé par Ledien fils ; il est regrettable que notre savant historien n'ait pas continué cette publication.

XII.

ORIGINE DE L'IMPRIMERIE A AMIENS.

Depuis l'époque de l'introduction de l'imprimerie en France, on cherche vainement la preuve de son existence à Amiens, jusque vers l'année 1507, les livres de liturgie, de littérature ou d'histoire, les ordonnances et autres actes de l'échevinage, du clergé, des autorités judiciaires et administratives, tout est imprimé à Paris, à Reims, à Rouen, ou ailleurs.

Les *Actes de l'église d'Amiens*, par M⁸ʳ Mioland, ne font connaître aucun livre de liturgie ou de piété imprimé à Amiens avant 1609.

Dom Gueranger, qui s'est livré à des recherches minutieuses sur les premières impressions des livres de liturgie, n'en cite pas qui aient été imprimés en cette ville aux xvᵉ et xviᵉ siècles [1].

La bibliothèque que le corps de ville possédait au xvᵒ siècle et qui était augmentée de temps à autre par des acquisitions mentionnées dans les registres aux comptes, ne paraît pas avoir été pourvue de livres imprimés à Amiens ;

---

[1] *Institutions liturgiques*, Paris, Lannier, 1851.

voici toutefois quelques extraits de ces achats qui ne sont pas sans intérêt, bien qu'il ne s'agisse pas de livres sortis des presses locales.

1491. — « A Vinchent Conin, marchand et libraire de Paris, la somme de 7 escus d'or, qui valent 12 liv. 5 sols, pour l'achat à lui faict de deux grands volumes et livres de la *Mer des Isteres*, et deux volumes de *O Rose*, mis à l'ostel des cloquiers. »

1493. — « Jehan de Romme, libraire, la somme de 8 liv., qui lui estaient deubs pour l'achat a lui fait de trois livres et volumes des *Croniques de France*, pour l'ostel de ladite ville. »

1517. — « Achat du *Grand Coustumier de France* et des *Ordonnances royaulx faicts depuis le roy Philippe-le-Bel*. »

1519. — « 12 sols pour ung livre intitulé : *François Patrice, de la chose publique.* »

« 10 sols pour ung livre où sont contenus les ordonnances royaux. »

« 12 sols pour la *Généalogie des Papes, Empereurs et Roys*, pour l'ostel des Cloquiers. »

« 18 sols pour un livre intitullé les *Ordonnances de la ville de Paris.* »

1581. — « Achat, moyennant 3 liv., d'un grand volume doré sur tranche et relié en veau rouge, dont les *OEuvres moralles et mellées de Plutarque en français.* »

1584. — « A Jehan Wassepasse, 10 escus, à laquelle somme mesdits sieurs sont convenus avec luy pour ung livre de la *Vie des Hommes illustres*, que mesdits sieurs ont acheté pour leur servir en leur hostel commun [1]. »

---

[1] Cette nomenclature m'a été gracieusement communiquée avec d'autres renseignements par M. Dubois, chef de bureau à la mairie. C'est un infatigable travailleur, qui finira par nous faire connaître toutes les choses intéressantes encore renfermées dans nos archives communales, qu'il a la patience d'explorer. M. Dubois a déjà publié plusieurs brochures contenant des faits inédits.

Outre les ouvrages ci-dessus décrits, M. Dusevel, dans son *Histoire d'Amiens*, nous apprend que dans la Bibliothèque municipale se trouvait aussi, aux xve et xvie siècles, le *Digeste*, les *Institutes*, le livre des *Prouffits champêtres*, touchant le labour des champs, etc.

On ne peut que regretter de ne plus retrouver ces livres dans les collections actuelles de la ville !

Quelques investigations dans les actes de l'état civil ont peu grossi ma liste de renseignements. Ces actes sont malheureusement rares avant 1620 ; pour deux ou trois paroisses seulement, les registres remontent au xvie siècle et ne péchent pas par la surabondance des détails.

Le mariage de Robert Hubault s'y trouve constaté en ces termes : « Le 3 février 1637, ont été espousés Robert Hubault, imprimeur, et demoiselle Sallé, de cette paroisse. »

L'acte mortuaire d'un enfant de Hubault est rédigé comme il suit : « Le 13 décembre 1639, il est mort un petit enfant à Hubault, imprimeur. » Le tout sans autre indication ni même de signature ; et c'est par une heureuse exception que la profession du père se trouve indiquée. Passe encore pendant la peste ; alors on ne mettait presque plus rien du tout dans les actes de décès ; à peine les noms sont-ils indiqués ; on enregistrait pour ainsi dire en bloc ; que de pages remplies avec ces mots : « *Mort de la contagion !* ». . . . .

Les actes de baptême et de mariage se ressentent de ce triste moment par le laconisme de leur rédaction ; les morts empêchaient de songer aux vivants !

Il faut convenir que la tenue des actes de l'état civil, même après la peste, laissait beaucoup à désirer, et cette fâcheuse méthode s'est prolongée jusque vers le commencement du xviiie siècle.

5.

Il y a loin de là à ce qui se pratique de nos jours sous la direction du chef actuel, M. Malot, dont l'exactitude et l'activité soutiendraient la rude épreuve d'une nouvelle peste ; mais que Dieu nous préserve d'une telle occasion de constater le zèle de cet habile rédacteur !

C'est seulement en 1694 que quelques actes de l'état civil commencent à avoir des titres imprimés, avec avertissement de payer les droits « ès-mains de M. Quignon, rue des Lombards, » commis à l'exercice du greffe.

1507. — Nicolas LE CARON.

Il est temps d'arriver à constater la naissance de l'imprimerie à Amiens et à prouver l'existence d'un établissement typographique dans cette ville au commencement du XVIe siècle. Un seul monument se présente comme preuve de ce fait historique. Voici la description de cet ouvrage :

COUSTUMES GÉNÉRALES DU BAILLIAGE DAMIENS AVEC CELLE DES PREVOSTEZ DE MONSTRŒUL, BEAUQUESNE, FOULLOY, SAINCT-RICQUIER, DOULLENS ET BEAUVOISIS, NOUVELLEMENT PUBLIEES ET DECRETEES EN LA VILLE DAMIENS PAR MESSIEURS LES COMMISSAIRES DELEGUEZ DE PAR LE ROY NOSTRE SOUVERAIN SEIGNEUR, SUR LE FAICT DES COUSTUMES DU ROYAULME DE FRANCE, IMPRIMÉES PAR ORDONNANCE DES DITS COMMISSAIRES PAR NICOLAS LE CARON, IMPRIMEUR ET LIBRAIRE DEMOURANT EN LA DITE VILLE DAMIENS, EN LA RUE DES LOMBARS. (A la fin :) IMPRIMÉ A AMIENS PAR NICOLAS LE CARON, DEMOURANT EN LA RUE DES LOMBARS.

Sans indication de la date de l'impression ; pet. in-8° goth. de 95 ff., 26 lignes à la page et 137 millimètres de hauteur. En tête de ces Coustumes se trouve le procès-verbal de leur rédaction, qui commence au haut du verso du premier feuillet et finit au feuillet 18; les coutumes générales commencent au verso du feuillet suivant, sans aucun intervalle; la coutume d'Amiens finit au feuillet 59; enfin le livre est terminé par la prévôté de Beauvaisis. Les caractères gothiques sont extrêmement purs et l'impression est parfaitement exécutée; le C n'est pas employé dans la pagination.

Ce précieux volume appartient à M. V. de Beauvillé, auteur d'une *Histoire de Montdidier* justement estimée. Il a figuré à l'Exposition archéologique d'Amiens en 1860, n° 1086 du catalogue.

On suppose généralement que ce livre a été imprimé vers 1507. En l'absence de documents certains, plusieurs motifs peuvent autoriser à maintenir l'attribution de cette date. Tout porte à croire, en effet, que les coutumes d'Amiens ont été imprimées peu de temps après leur rédaction, comme cela s'est fait en d'autres provinces; or, c'est le 4 octobre 1507 que la première rédaction, comprenant les *coutumes générales* et les *coutumes locales des prévôtés royales* seulement (et non les *coutumes locales et particulières*), fut arrêtée par MM. les commissaires députés par le roi, ainsi qu'on le voit par le procès-verbal qui constate cette rédaction, émanant de Antoine de St.-Deliz, lieutenant-général au bailliage d'Amiens [1].

Le livre dont il s'agit ne comprend uniquement que les *coutumes* qui ont fait l'objet de cette première rédaction, et son exécution typographique offre tous les signes distinctifs

---

[1] Dans ce procès-verbal, Me de St.-Deliz, licencié ès-lois, conseiller du Roi, est qualifié de *honorable homme*; il avait son hôtel rue des Lombards.

des éditions qui datent des premières années du XVIᵉ siècle.
Comparé, notamment, avec une édition de ces mêmes
coutumes, imprimées à Paris par Guillaume Eustace, en
1535, on remarque des différences notables qui sont de
nature à prouver que l'édition de Nicolas Le Caron est
d'une date antérieure; j'abandonne toutefois la consta-
tation savante d'une date précise aux bibliographes, et je
me contente de signaler en faveur de mon opinion les ap-
parences vulgaires, observant cependant que les *coutumes*
imprimées en 1535 ne font nulle mention de l'*ordonnance
des commissaires* relative à l'impression, circonstance qui
est toute particulière à l'édition d'Amiens. Quelle que
soit, d'ailleurs, l'opinion que l'on puisse formuler sur la
date exacte d'impression de ces *coutumes*, il demeurera
toujours irrévocablement établi qu'elle ne peut être postérieure aux premières années du XVIᵉ siècle, et que, par
conséquent, l'imprimerie a vu le jour, à Amiens, à une
époque beaucoup plus ancienne qu'on ne l'avait pensé
jusqu'ici.

Ces *coutumes* sont, jusqu'à ce jour, le seul livre connu
de l'imprimerie d'Amiens au commencement du XVIᵉ siècle.
Que sont devenues ensuite les presses de Nicolas Le Caron?
ont-elles donné le jour à d'autres productions, ou bien
n'avaient-elles été installées que pour cette impression
seulement? Aucun document positif ne permet, quant à
présent, de trancher cette question; mais on peut, avec
quelque raison, adopter la première hypothèse parce que,
d'une part, rien ne révèle l'existence de cette imprimerie
avant ou après la date attribuée aux *coutumes* et que, d'une
autre part, une impression unique exécutée par un imprimeur n'est pas, à cette époque, un fait sans exemple ou sans
analogie. On peut citer d'abord l'exemple d'Abbeville, où
une imprimerie fonctionnait en 1486, dirigée par Jehan

Dupré et Pierre Gerard, qui ont imprimé seulement *la Cité de Dieu* et *la Somme Rurale,* de Jean Boutillier ; puis ces imprimeurs ont quitté la ville d'Abbeville, qui est ensuite restée sans imprimerie pendant plus d'un siècle [1].

Des presses établies à Salins, en 1485, à Besançon, en 1487, à Dôle en 1490, disparaissent presque aussitôt, et ce n'est plus que vers 1587 que se trouvent, dans ces contrées, de nouveaux établissements. Il en fut de même dans quelques villes du Nord [2]. Cette disparition peut s'expliquer par le motif que le pays n'offrait pas alors de ressources suffisantes pour alimenter les presses établies. On ne sentait encore le besoin urgent des imprimeries, dans les villes secondaires, que pour l'impression de quelques ouvrages spéciaux, comme ceux de liturgie et de droit coutumier, les règlements et ordonnances de ville et de police. Pour ces sortes d'ouvrages on s'adressait aux imprimeurs établis dans les grands centres de population, ou bien on les faisait venir avec leur matériel, afin d'exécuter ces travaux particuliers. Il paraît que les imprimeurs et même les presses se déplaçaient alors assez facilement. A l'aurore de l'imprimerie, au xv⁰ siècle, et aussi au commencement du xvi⁰, on voit des imprimeurs se transporter avec leur matériel dans les localités où ils étaient demandés pour certains travaux ; je me borne à citer ceci :

Pierre Le Rouge, fixé en 1478 à Chablis, où il imprime le *livre de bonnes mœurs,* se transporte de Chablis à Troyes en 1483 pour y imprimer le *bréviaire du diocèse,* le pre-

[1] Selon M. A. Vitu, Laurent Lerouge, de Valence, aurait fait paraître à Abbeville, en 1497, l'*Histoire de la papesse Jeanne,* in-f⁰, avec gravures.

[2] La petite ville d'Hesdin notamment possédait une imprimerie dès le commencement du xvi⁰ siècle, en 1512, et cessa bientôt après de la voir fonctionner.

mier livre qui ait paru dans cette ville ; peu de temps après il se retrouve à Paris, puis, en 1497, revient à Chablis imprimer des sermons et retourne à Paris, à la fin de la même année, pour s'associer définitivement avec Antoine Verard.

En 1580, Jean Savine, imprimeur à Sens, se transportait à Auxerre pour y imprimer les livres à l'usage du diocèse et retournait à Sens, après avoir imprimé le bréviaire seulement.

Les circonstances relatives à ces déplacements d'imprimeur et d'imprimerie sont en partie rapportées avec des détails intéressants dans un excellent ouvrage de M. Ribière, avocat, intitulé *Essai sur l'histoire de l'Imprimerie dans le département de l'Yonne*, imprimé à Auxerre par Perriquet et Rouillé, en 1858 (1 vol. in-8°).

C'est par la connaissance de faits semblables à ceux qui viennent d'être indiqués, arrivés dans différentes localités, que l'on a pu croire à l'existence d'imprimeries ambulantes aux xve et xvie siècles, question encore controversée.

Vers la fin du xvie siècle et dans les siècles suivants, on ne voit plus de pérégrinations d'imprimeurs et de presses ; alors chaque ville, à peu près, possédait dans ses murs un ou plusieurs imprimeurs, d'ailleurs le matériel s'étant compliqué et augmenté, n'aurait pas été d'un transport facile. On trouve bien des exemples d'imprimeries clandestines dont le déplacement était quelquefois obligé pour se soustraire aux rigueurs de la loi, mais c'est tout ce qui rappelle le souvenir d'un transport tant soit peu ambulant de presses et d'imprimeurs.

Après tous les faits d'impressions isolées qui viennent d'être cités, on peut, je le répète, parfaitement croire, jusqu'à preuve du contraire, que l'imprimeur Nicolas

Le Caron n'a peut-être exécuté à Amiens que le seul livre des *coutumes*. Pourquoi, en effet, si son imprimerie avait eu quelque durée, ne l'aurait-on pas chargé de l'impression de livres ordinairement confiés aux presses locales et qui furent exécutés par des imprimeurs étrangers vers cette époque, tels que : Un *Missel*, imprimé à Rouen en 1506 ; un *Bréviaire*, imprimé à Paris en 1528 ; certains travaux de ville sortis des presses parisiennes de 1508 à 1530 ?

En 1556, il n'y avait pas, à coup sûr, d'imprimeur à Amiens, ainsi que le prouve le document qui suit, pris au registre de l'échevinage, à la date du 12 novembre de ladite année :

« On expédiera mandement à Jehan Caron, libraire, de la somme
» de LX^s à lui taxée pour avoir esté en la ville de Paris et y faict
» imprimer les deffenses faictes par MM. de n'aller boire ny manger
» ès tavernes et cabaretz. »

On ne peut guère supposer que Jean Caron fût envoyé à Paris pour l'impression de ces défenses, si Amiens avait eu alors un imprimeur ; il ne s'agissait pas là d'une chose d'assez grande importance pour avoir recours à un imprimeur de Paris.

Les procès-verbaux de l'*Assemblée provinciale de Picardie* vont fournir à l'appui de cette supposition une preuve des plus complètes ; elle se trouve dans la séance tenue le 27 février 1789, à propos d'une rétribution qui était jadis accordée au greffier de l'*élection d'Amiens*, pour droit d'expédition :

« Dans le principe, il avait été attribué aux greffiers une mo-
» dique rétribution pour la mise au net et l'expédition des mande-
» ments qui, alors, étaient très-simples et très-courts ; ensuite ces
» actes étant devenus très-compliqués il fallut recourir à l'impres-

» sion, et comme dans ce temps (1575) *il n'y avait pas encore d'im-*
» *primeur en cette ville*, le greffier de l'élection était obligé d'envoyer
» les mandements de taille à Paris, pour les imprimer. Alors,
» afin de le dédommager des frais de ports et rapports dont il n'é-
» tait pas remboursé, le greffier a sollicité des officiers de l'élection
» et de ceux du bureau des finances une augmentation de salaires ;
» c'est ce qu'on voit par les différentes requêtes présentées par Mᵉ
» Vincent Lefebvre, lors greffier de l'élection en 1575 et 1582,
» exercice de M. Feret, etc. »

De ce passage, littéralement transcrit, on doit conclure
que dès avant 1575 et jusqu'à 1582, il n'y avait certainement aucun imprimeur établi à Amiens. Cette regrettable
lacune s'est peut-être prolongée encore pendant quelques
années.

Mais voici un document qui est de nature à démontrer
que notre ville ne fut pas, vers la fin du XVIᵉ siècle, constamment privée d'imprimerie. L'intérêt que ce document
peut offrir pour l'histoire de la ligue en Picardie n'échap-
pera pas non plus au lecteur.

1591. — Anthoine Deshayes.

*Harangue de messire Vrbaïn de Sainct-Gelays, chevalier
de l'ordre de France, sieur de Boisdauphin, gouverneur et
lieutenant général en Picardie, en l'absence de Monseigneur le
duc d'Aumalle. — Faicte à Amiens en l'assemblée générale
des villes catholiques dudit pays, convocquees pour envoyer
leurs deputez aux Estats généraux de France à Rheims, pour
l'eslection d'un Roy catholique le 2 janvier 1592. A Lyon par
Louys Tantillon,* PRINS SUR LA COPPIE IMPRIMÉE A AMIENS,
PAR ANTHOINE DESHAYES. 1592, *avec permission.*

L'original de cette harangue a dû être certainement imprimé à Amiens aussitôt après le 31 juillet 1591, jour où s'est réunie l'assemblée qui avait pour but de décider l'envoi d'un député aux États généraux, convoqués à Rheims par le duc de Mayenne. On sait que ce député fut Me François Castelet.

En 1591, au temps de la Ligue, et postérieurement sans doute, Amiens possédait donc un imprimeur ; ceci explique comment certains libelles de cette époque, dont parlent les chroniqueurs contemporains, pouvaient se répandre alors en grand nombre, du jour au lendemain.

Si, au moment de la bataille et lors du siége d'Amiens, l'imprimerie a de nouveau disparu ou cessé de fonctionner, nul ne peut s'en étonner, et l'on trouverait à citer des exemples de disparitions semblables arrivés ailleurs dans de tels moments de trouble ; il fallait avant tout songer à l'attaque et à la défense, et ce n'était pas ce genre de guerre qu'il eût été possible de faire avec les presses typographiques !

A défaut de relations imprimées dans la ville d'Amiens, à une date contemporaine du siége de 1597 et des guerres antérieures, les historiens amiénois de cette époque ont laissé des manuscrits intéressants, reproduits depuis par les presses modernes.

A tous ces documents historiques fort connus, qu'il me soit permis, en passant, d'en ajouter un qui, assurément, l'est beaucoup moins ; c'est la relation des voyages faits par le célèbre docteur Ambroise Paré, en Picardie, pendant les guerres avec les Espagnols. Cette relation se trouve à la fin des œuvres de Paré ; on y voit notamment des détails curieux sur le siége de Doullens.

1607. — Adrien Delannoy.

L'indication suivante est donnée par le journal le *Glaneur*, dans ses éphémérides , à la date de 1607 :

« Adrien Delannoy , l'un des premiers imprimeurs d'Amiens,
» vient s'établir dans cette ville. »

D'après le P. Daire , Adrien Delannoy serait *le premier imprimeur-libraire d'Amiens* , où il serait venu se fixer, rue du Beau-Puits , le 22 décembre 1607. On sait maintenant que cet imprimeur ne fut pas le *premier* établi à Amiens , puisque Nicolas Le Caron l'avait précédé.

Si nous avons le regret de ne pas connaître jusqu'ici les pièces originales imprimées par Anthoine Deshayes et par Adrien Delannoy, il ne faut pas , du moins , entièrement désespérer d'en trouver un jour quelques-unes qui seront sans doute de nature à compléter nos indications.

Les légers nuages qui cachent encore certaines phases de l'origine de l'imprimerie dans la ville d'Amiens finiront peut-être par disparaître entièrement à la suite de nouvelles recherches, ou par un hasard fortuit.

En attendant cette heureuse découverte , voici quelques notices sur des imprimeurs plus connus.

XIII.

NOTICES SUR LES DIVERS IMPRIMEURS

à partir du XVIIᵉ siècle.

1609 [1].— Jacques HUBAULT et ses successeurs.

C'est en 1609, après l'apaisement des guerres et des troubles qui avaient agité la Picardie, que Jacq. Hubault fut le fondateur à Amiens d'une imprimerie permanente ayant laissé des preuves nombreuses et non interrompues de son existence. Hubault provient assurément d'une famille amiénoise, mais la date de sa naissance est encore inconnue.

L'origine de son établissement se voit et peut se prouver par le document suivant, existant aux registres de l'échevinage :

« A JACQUES HUBAULT, IMPRIMEUR, 124 LIV. A LUI PRESTÉ PAR MES » DITS SIEURS POUR LUI AIDIER A LEVER L'ESTAT D'IMPRIMEUR EN CESTE » VILLE-CY, PAR MANDEMENT ET QUITTANCE DU 28 MARS 1609. »

Ce précieux renseignement fixe incontestablement la date à laquelle Jacques Hubault a commencé à organiser son imprimerie.

---

[1] A partir de cette époque une notice particulière sera consacrée à chaque imprimeur, par ordre de succession ou de fondation.

Le secours pécuniaire que le corps de ville avait bien voulu lui accorder n'était pas considérable, mais il témoigne de la part de ces administrateurs éclairés l'amour du progrès et le désir d'encourager une aussi belle industrie.

Les noms des maïeur et échevins de cette époque ne doivent pas être oubliés ici :

Le maïeur, nommé alors M. le premier, ou premier échevin, était JEAN DEMONS, seigneur d'Hédicourt, auteur d'un ouvrage, la *Sextessence dialactique*, auquel Charles Nodier a consacré quelques pages dans ses *Mélanges tirés d'une petite bibliothèque.* Ces pages ne sont pas écrites, il est vrai, à la plus grande louange de Jean Demons, en tant qu'écrivain; et le noble encouragement qui vient d'être signalé n'aurait assurément pas été un titre glorieux aux yeux de Charles Nodier, lui qui considérait l'imprimerie comme une déplorable invention, devant nous précipiter vers la barbarie, ainsi qu'on l'a vu à la page 27.

Les échevins étaient : Anthoine DE BERNY, Anthoine DIPPRE, Flourent DE LOUVENCOURT, Baptiste ROCHE, Guy DE BAILLY et Noël DECOURT, receveur.

C'est pour le corps de ville que Jacques Hubault a vraisemblablement inauguré ses presses, par l'impression d'un édit du roi Henri IV, dont nous allons trouver la désignation dans les registres aux comptes :

« A Jacques Hubault, imprimeur, 26 liv. à lui ordonné pour
» avoir imprimé et fourny à mesdits sieurs cent copies de *l'édict faict*
» *par Sa Majesté, avec la veriffication d'icelluy pour l'establissement du*
» *corps de ville après la reprise d'icelle,* par mandement et quittance
» du 31 août 1609. »

Cette pièce, dont je n'ai pu trouver aucun exemplaire, a été évidemment imprimée à une époque fort rapprochée du moment de l'ouverture de l'établissement de Jacques Hubault, si l'on tient compte du temps que l'organisation de son imprimerie a dû demander, à partir du 28 mars 1609.

En 1609, Jacques Hubault imprime aussi *les articles de la trefve conclue entre le roi d'Espaigne et les archiducqz.*

On peut croire que cette pièce est postérieure à l'édit qui vient d'être indiqué, et qu'elle a dû être imprimée vers la fin du mois de juillet, époque du retour en France du président Janin, qui avait été délégué pour la négociation de cette trève.

Jacques Hubault était libraire en même temps qu'imprimeur, comme presque tous les imprimeurs d'alors et d'aujourd'hui ; son établissement, situé d'abord rue du Beauregard (des ~~Jacobins~~ *Cailloux*), a été ensuite transféré rue du Beau-Puits (Henri IV).

Plusieurs ouvrages assez remarquables sont sortis de ses presses et ne se trouvent pas facilement, notamment :

Une édition des *Coutumes générales, locales et particulières du bailliage d'Amiens,* en 1613; la première imprimée en cette ville après celle de 1507.

Un livre de controverse religieuse en 1615 ; les *Chants oraculeux*, de Claude Demons, en 1627, etc.

Tous ces livres seront plus amplement désignés dans la deuxième partie de cet ouvrage.

Hubault est décédé au mois d'août 1635, après avoir exercé pendant 26 ans l'art typographique, qu'il avait définitivement fait revivre à Amiens.

1635. — Robert HUBAULT.

Robert Hubault, fils de Jacques, succède à celui-ci au mois d'août 1635. Il épousa Mlle Sallé le 3 février 1637, ainsi que je l'ai rapporté plus haut.

Il était *imprimeur du corps de ville*, comme on le voit par une délibération du 3 juillet 1653, décidant que le *Recueil des principales ordonnances de l'échevinage d'Amiens*, qui était toujours resté manuscrit jusque-là, sera imprimé par lui.

Ce recueil a, en effet, été imprimé par Hubault à la date de 1653. En 1641 il avait déjà imprimé *le règlement de l'estat de la sayeterie*.

1657. — Veuve Robert Hubault.

La veuve Robert Hubault continua l'imprimerie et la librairie laissées par son mari, et fit valoir avec succès cet établissement, qui était toujours rue du Beau-Puits, proche St.-Martin ; elle imprima de nombreux ouvrages, notamment pour l'évêché et le clergé.

Les premiers livres de liturgie à l'usage du diocèse qui aient été imprimés à Amiens, sont sortis de ses presses, sous l'épiscopat de Mgr Faure : Les *Statuts synodaux* de 1662, — le *Bréviaire* de 1667, — le *Diurnal* de 1670, — le *Missel* de 1675, — et un *Rituel* de 1687.

Le privilége royal qu'elle obtint pour l'impression des livres d'église et de liturgie, en 1692, était très-étendu ; il lui conférait le droit d'imprimer, vendre et débiter : *le livre d'église à l'usage des laïcs du diocèse d'Amiens, conférences et résultats des conférences, jubilés, prières, indulgences, réglements, statuts synodaux, ordonnances, lettres, mandements, bréviaires, diurnaux, missels et rituels ;* comme aussi *l'ordre de l'office selon l'usage du missel et du bréviaire d'Amiens,* vulgairement appelé *le Bref.* Défense était faite aux termes de ce privilége, à tous imprimeurs et libraires et autres personnes, d'imprimer, vendre et débiter ces livres, à peine de 3,000 livres d'amende, confiscation des exemplaires, dommages-intérêts, etc.

Ce privilége, auquel s'ajoutait la permission spéciale de l'évêque, a été pendant longtemps intégralement conservé à la veuve Hubault et à ses successeurs, au grand désespoir des autres imprimeurs qui ont souvent demandé, même avant 1789, l'abolition de ce privilége.

Le privilége royal fut aussi accordé, en 1751, à la veuve Godard, pour l'impression de quelques livres d'église, mais cette dame n'eut jamais la faveur de la permission spéciale de l'évêque; et le privilége du roi, loin d'enrichir la veuve Godart, ne fut pour elle qu'une cause de tracas et de procès, ainsi qu'on le verra plus loin.

C'est à la vᵉ Robert Hubault que se rapporte l'anecdote qui va être mentionnée au sujet de Daniel Elzevir, arrivée en 1671 :

A cette époque, il était défendu à tous imprimeurs et à tous libraires de supposer aucun autre nom que le leur, comme aussi d'apposer la marque d'un autre, à peine d'être puni, comme faussaire, de 3 mille livres d'amende et de confiscation des exemplaires.

De par cette défense, l'imprimeur hollandais Elzevir (Daniel) s'est vu confisquer, par sentence du 2 octobre 1671, une balle venant de Hollande, où il se trouvait, dit cette sentence : « Grand nombre d'un livre ayant pour titre *l'aimable mère de Jésus*, imprimé à Amiens chez la vᵉ Hubault, avec privilége [1] ; » lequel livre sortait des presses du dit Elzevir. Les exemplaires furent transportés et vendus à la chambre syndicale.

Cette édition est de 1671 ; elle est rare et recherchée, et

---

[1] L'auteur de ce livre, traduit de l'Espagnol, est le P. d'Obeilh.

il s'en trouve des exemplaires, sous le nom de Daniel
Elzevir, qui se vendent plus cher que ceux portant le nom
de la vᵉ Hubault, parce qu'ils sont encore plus rares que
ces derniers.

En voyant un de ces charmants petits volumes d'une si
belle impression, avec le nom de la vᵉ Hubault, et sans
connaître le mot de l'énigme, on est frappé de la parfaite
ressemblance elzevirienne, en sorte qu'on est peu surpris
d'apprendre qu'un Elzevir véritable est déguisé sous le
nom de cet imprimeur Amiénois.

Grâce soit rendue toutefois à Saugrain d'avoir dissipé
tous les doutes, quoiqu'il l'ait fait sans prétention bibliographique, en exposant, dans son *Code de la Librairie*, les
circonstances relatives à la saisie que j'ai citée plus haut.

La vᵉ Hubault est décédée à Amiens en 1697, après avoir
exercé son art pendant 40 ans.

1697. — Nicolas CARON-HUBAULT.

L'imprimerie de la vᵉ Hubault fut reprise en cette année
par Nicolas Caron-Hubault, qui avait épousé Madeleine
Hubault, fille issue du mariage des époux R. Hubault. Il
exerçait rue du Beau-Puits et il était *imprimeur de l'é-
vêque*.

Je n'ai trouvé que quelques pièces imprimées par lui,
jusqu'en 1702.

1702. — Charles CARON-HUBAULT.

En cette année se montre Charles Caron-Hubault, successeur de Nicolas Caron, installé rue du Beau-Puits, imprimeur de l'évêché, comme cessionnaire du privilége
royal et de la permission spéciale qui avaient été accordés

en 1691 à la ve Rob. Hubault, pour l'impression des livres d'église et de liturgie. Il a imprimé un livre fort rare aujourd'hui, intitulé : *Recherches curieuses des principales cérémonies de l'hôtel-de-ville d'Amiens*, 1730, *in-4°* ; deux brochures relatives à la translation du corps de saint Firmin, qui sont également rares, etc.

Charles Caron est décédé le 24 octobre 1743. Bourgeois d'Amiens et marguiller ; il fut inhumé au cimetière St.-Denis, actuellement transformé en jardin anglais.

1743. — Veuve Charles CARON.

La veuve de Charles Caron reprit l'imprimerie, qu'elle conserva pendant plus de 20 ans, avec le titre d'*imprimeur de l'évêque*, appuyé d'un privilége renouvelé en 1745. Son fils, Louis-Charles Caron, avait une part active à la direction de la maison, alors située rue et en face St-Martin.

Elle imprima *les statuts et règlements des marchands*, plusieurs pièces historiques, des livres de liturgie et un grand nombre d'autres ouvrages qui seront désignés dans la deuxième partie du présent travail.

1764. — Louis-Charles CARON.

Louis-Charles Caron est né à Amiens vers 1714, des époux Charles Caron. Il succéda à sa mère et hérita de son titre d'*imprimeur de Mgr l'évêque ;* il était aussi l'*imprimeur de la Chambre de commerce.*

Louis-Charles Caron est décédé à Amiens, âgé de 75 ans, le 15 septembre 1739, veuf de Barbe de la Roche, et fut inhumé au cimetière St.-Denis, après un service très-solennel ; le corps était accompagné de Auguste-François-Marie-de-Paule Le Caron, vicaire-général de l'évêché, ainsi qu'on peut le voir par l'acte de décès, dressé au grand complet; on ne peut pas dire que celui-là soit trop court et ne donne pas de renseignements.

C'est une preuve de la considération dont jouissait cet imprimeur qui, en 1755, fut élu maître de la confrérie Notre-Dame du Puy.

Il avait deux fils : Jean-Baptiste Caron (l'aîné), qui était imprimeur en même temps que son père et avait succédé à la vᵉ Godart, et François Caron-Berquier. Les deux frères ont exercé concurremment pendant plus de 25 ans. Sous la république on les verra, divisés d'opinion, travailler, l'un (Jean-Baptiste) pour le principe monarchique, et l'autre (Caron-Berquier) pour les idées démocratiques.

1789. — Veuve Louis-Charles CARON.

Je ne connais qu'un seul écrit portant le nom de la vᵉ L.-Ch. Caron comme imprimeur; cette dame a, de suite, cédé à son fils Caron-Berquier ses droits à l'imprimerie; on peut donc considérer ce dernier comme le successeur direct de son père.

1789. — François CARON-BERQUIER.

François Caron-Berquier, fils de L.-Ch. Caron et son successeur, sera ici l'objet d'une notice un peu plus détaillée que celles de ses prédécesseurs.

Cet imprimeur est né à Amiens, le 20 octobre 1752, et y est mort le 28 novembre 1827, après plus de 35 ans d'exercice; dès 1789, son établissement d'imprimeur fut transporté rue des Sergents, 52, où il est toujours resté.

Caron-Berquier commence avec la grande Révolution et ne veut pas rester étranger aux transformations qu'elle amène. Il désire occuper une place au Département, administrateur ou commissaire du Directoire, place qu'il se trouvait capable de remplir, disait-il dans sa lettre de demande adressée à André Dumont, le 18 pluviôse an IV, et dans laquelle il se plaignait que le Département ne le faisait plus travailler du tout.

Cette demande ne fut pas accueillie favorablement par André Dumont ; Caron-Berquier resta donc imprimeur, et six semaines après, environ, il fit sortir de ses presses un écrit qui a été placardé à Amiens et qui contenait l'apologie de Gérard Scellier, collègue d'André Dumont à la Convention, dans des termes qui parurent offenser ce dernier, lequel en prit de l'humeur et n'a pas l'air de le dissimuler dans le compte-rendu où nous puisons ces détails [1].

Caron-Berquier ne cachait pas qu'il fût bon patriote ; son établissement portait le titre d'*Imprimerie patriotique ;* il avait dans le haut de sa maison un bonnet de la liberté qu'il fut obligé d'enlever par suite des menaces à lui adressées dans un moment d'effervescence par des gens qui ne partageaient pas ses vertus civiques.

Il était membre des amis de la Constitution en 1790 ; les publications qu'il imprima pour cette Société portent une vignette et la devise : « *Vivre libre ou mourir.* » Il était aussi membre actif de la Société populaire et avait composé pour elle *un dialogue patriotique.*

Dans sa lettre à André Dumont, Caron-Berquier se plaignait un peu à tort, selon moi, de ne plus travailler du tout pour le Département, car il est facile de voir qu'il avait sa part dans les publications de l'administration, et qu'en outre la plus grande partie des écrits de toutes

---

[1] *Compte-rendu par A. Dumont à ses commettants*, Paris, an V, pages 414 et suiv.

sortes imprimés à Amiens pendant l'époque révolutionnaire, sont sortis de ses presses qui ne devaient pas être inactives comme il le disait. Il était *imprimeur des autorités constituées, de l'évêque constitutionnel, de la commune et des différents clubs et sociétés révolutionnaires*. Plus tard il devint *imprimeur de l'Académie, de la Cour d'appel, de la Mairie et du Chapitre*. Il est l'auteur d'une *Description de la Cathédrale d'Amiens*, brochure imprimée par lui en 1801.

Il avait 4 presses en 1806.

Plusieurs journaux ont été imprimés par Caron Berquier : — *Le Courrier du Département de la Somme*, signé DUMÉRIL, du 4 juillet au 7 novembre 1790. — Les deux premiers numéros du *Journal de la Somme*, en 1822. — *L'Indicateur du Département de la Somme*, de 1824 à 1825, dont il était en même temps le rédacteur. — Il a imprimé aussi le 1er volume des *Rapports analytiques des travaux de l'Académie d'Amiens*.

Caron-Berquier avait été surnommé en picard *Caron Panch'd'or*, sans doute à cause de son abdomen prononcé auquel il joignait un physique assez remarquable, une tenue et une mise élégantes qui ne sentaient nullement le sans-culotte.

Caron-Berquier a laissé deux fils qui devinrent imprimeurs : Caron-Isnard et Auguste Caron, ainsi qu'on le verra plus loin.

1825. — CARON-ISNARD.

Caron-Isnard succéda à Caron-Berquier, son père, aussitôt le décès de celui-ci, arrivé, comme il a été dit plus loin, le 28 novembre 1825.

Son exercice a été de courte durée ; il s'intitulait *impri-

meur de la duchesse de Berry, de la Cour royale et de la Mairie, en 1826 et 27. Caron-Isnard est décédé en 1829, et alors son brevet a été supprimé. Avec lui s'est éteinte l'imprimerie fondée par Jacques Hubault en 1609, après avoir passé par tous les successeurs qui viennent d'être nommés, et dont les exercices réunis ont duré 220 ans sans interruption.

1626. — Guislain LEBEL, père.

Guislain Lebel père apparaît à Amiens vers 1626, par divers imprimés de cette époque; il demeurait d'abord rue du Collége, vis-à-vis les R. P. Jésuites, à l'enseigne du *Pilon d'or*, et ensuite Grande rue St.-Denis. Il était contemporain et rival de Jacques Hubault.

Guislain LEBEL, fils.

Le moment où Guislain Lebel fils succède à son père n'est pas bien connu ; mais on peut supposer que ce n'est que peu d'années avant 1671, époque où lui fut conféré le titre d'*imprimeur et libraire ordinaire du roi en la ville d'Amiens*, comme on le verra tout à l'heure ; il avait conservé la demeure et l'enseigne du domicile de son père.

On ne saurait mieux faire connaître cet imprimeur qu'en transcrivant ici les lettres patentes qu'il reçut de Louis XIV.

« LOUIS, par la grâce de Dieu, roy de France et de Navarre,
» à tous ceux qui ces présentes lettres verront, SALUT :
» Sçavoir faisons que pour le bon et louable rapport quy nous a
» esté fait de la personne de *Gislain Lebel*, et pour la pleine con-
» fiance, loiauté, suffisance et expérience que s'est acquise en l'art
» d'imprimerie et librairie, dont il a fait apprentissage quatre ans

» entiers et consécutifs en nostre ville de Paris, chez François Mu-
» guet, nostre imprimeur ordinaire, avant lequel temps il *aurait*
» *fait toutes ses humanités et son cours de philosophie.* Lesquelles rai‾
» sons auroient obligé les premier et eschevins de nostre ville d'A-
» miens de luy accorder la permission d'y exercer l'art d'imprime-
» rie et d'y tenir boutique de libraire, son establissement estant
» mesme advantageux à nostre ville d'Amiens, comme le tes-
» moingne le sieur Lucas de Demuin, nostre conseiller et subdélé-
» gué à l'intendance de nostre province de Picardie, etc. ;

» Pour ces causes, et sur l'espérance que nous avons que ledit
» Lebel saura bien et diligemment s'acquitter de ce quy luy sera
» commis et ordonné pour nostre service, nous lui avons donné et
» octroié, donnons et octroions, par ces présentes signées de nostre
» main, *la charge de nostre imprimeur et libraire en nostre dite ville*
» *d'Amiens*, pour en jouir et user par ledit Lebel, en nostre dite
» ville, aux honneurs, autorité, prérogatives, prééminences, pri-
» viléges, franchises, libertés et droits accoustumés appartenans à
» la dite charge, selon et ainsy qu'en jouissent nos autres impri-
» meurs de nostre roïaulme tant qu'il nous plaira.

» Donné à Saint-Germain-en-Laye, le sixièsme jour de mars,
» l'an de grâce mil six cens soixante-onze, de nostre règne le vingt-
» huitiesme.

» Ainsy sygné : Louis. »

C'était, dit M. Crapelet, « dans l'intention de soutenir
l'éclat et la réputation de l'imprimerie française, et d'entretenir l'émulation, que Louis XIV accordait ainsi des
lettres patentes aux imprimeurs les plus *distingués* de son
temps [1]. »

Guislain-Lebel n'a pas besoin d'autre éloge ; il joignait
aux titres ci-dessus celui d'*imprimeur du collége.*

La prestation de serment de Guislain Lebel comme *im-*

---

[1] Ces lettres sont reproduites dans un ouvrage de M. Crapelet, portant pour titre : *De la profession d'Imprimeur*, etc. Paris, 1840, in-8°.
M. Crapelet en doit la communication à M. Dusevel.

primeur et libraire ordinaire du roi, se trouve constatée par les registres du bailliage dans les termes suivants :

« Ledit Lebel, dénommé ès-lettres ci-dessus, a été reçu et admis
» en ladite charge d'imprimeur dudit seigneur Roy, et de libraire
» ordinaire en ceste ville d'Amiens, conformément aux dites lettres,
» après qu'il est asparu de ses bonnes vie, mœurs, considération,
» religion catholique et romaine, faict et presté le serment en tel
» cas requis, du consentement du procureur du roi, par devant
» nous Jean Thierry, sieur d'Erenoville ? et autres lieux, conseiller
» du roy en son Conseil d'Estat et premier lieutenant-général au
» bailliage et siége présidial d'Amyens, le 12 avril 1671 [1]. »

Guislain Lebel a imprimé plusieurs ouvrages d'une exécution parfaite. Le plus remarquable qui soit sorti de ses presses est sans contredit l'*Histoire de Notre-Dame de la Mercy,* dont un exemplaire appartient à M. de Beauvillé.

C'est en 1704 que paraissent s'arrêter les travaux de cet imprimeur de mérite.

1640. — Charles De Gouy.

Un imprimeur de ce nom paraît vers 1640 ; il a imprimé les ouvrages du fameux sectaire de Labadie, et, comme ce dernier, il ne paraît pas avoir fait long séjour à Amiens.

1662. — J. Musnier.

En cette année, se trouve la preuve de l'existence à Amiens d'un maître imprimeur-libraire, du nom de Jean

---

[1] Note de M. de Boyer de Ste-Suzanne, auteur d'un ouvrage sur le recrutement et la révision, dont la 2e édit. va paraître, et d'un travail historique sur les intendants de Picardie, encore manuscrit.

Musnier ; il demeurait rue du Beau-Puits, vis-à-vis la rue St.-Remy, et prenait le titre d'*imprimeur du roi et du collège* et de *seul maître imprimeur du corps de l'Université de Paris*, *en l'évêché d'Amiens.*

Depuis 1662 jusqu'en 1668, il a imprimé plusieurs livres d'une bonne exécution typographique, au nombre desquels figurent deux des ouvrages singuliers de Claude de Mons : *les Blasons anagrammatiques* et *le Bref idyliacq.*

A partir de 1670, je n'ai plus rien trouvé d'imprimé par Musnier; c'est, sans doute, vers cette année qu'il est allé s'établir à Abbeville, où il se trouvait encore en 1678 et peut-être postérieurement.

Musnier a imprimé quelques-unes des pièces de théâtre qui étaient alors représentées au collége, à l'occasion de la distribution des prix.

1712. — J.-B. MORGAN.

Jean-Baptiste Morgan demeurait rue du Collége ; il s'intitulait *imprimeur du roi et du collége ;* il ne paraît avoir exercé que jusqu'en 1721 ; sa veuve lui a succédé.

1721. — Veuve J.-B. MORGAN.

La veuve Morgan a continué l'exercice de l'imprimerie jusqu'en 1727, et ne paraît pas avoir eu de successeur.

1737. — Charles RÉDÉ.

C'est en 1737 que fut supprimé l'établissement de Charles Rédé, ainsi qu'on l'a vu page 32. Les renseignements manquent sur l'origine de cette imprimerie, et on ne rencontre aucune de ses productions.

1793. — Imprimeurs associés.

En 1793, il existait, Grande rue de Beauvais n° 590, une imprimerie organisée par des sociétaires, sous la direction d'une demoiselle Varlé, originaire de la Belgique : cet établissement prenait le titre d'*imprimerie des associés.*

C'est à la demoiselle Varlé qu'est dû le recueil imprimé du procès de Lebon.

Vers 1797, on n'aperçoit plus la trace de cette imprimerie ; Mlle Varlé avait repris le chemin de la Belgique pour rentrer dans sa famille, qui exerçait, paraît-il, à Tournay, la même industrie.

1796. — PATIN et Cie.

L'imprimerie fondée sous ce titre avait pour titulaires Patin, descendant d'une famille de jurisconsultes et dont l'un des membres fut juge au district, et Maisnel, son cousin germain, fils de l'avocat de ce nom. Cette compagnie, établie rue des Sergents n° 4761, a existé jusqu'à la fin de l'an IX, époque à laquelle Maisnel est resté seul titulaire. Patin et Cie ont imprimé le journal *la Décade ;* ils étaient *imprimeurs de la Préfecture et des Tribunaux.*

An IX (1800). — MAISNEL.

Vers la fin de l'an IX, Maisnel fils dirige et devient seul propriétaire de l'imprimerie Patin et Cie. Le siége de son établissement a été plusieurs fois déplacé. On le voit d'abord rue des Sergents, ensuite rue du Cloître-St.-Nicolas, rue St.-Jacques, et rue des Vergeaux.

Maisnel était *imprimeur de la Préfecture*, de la *Cour de*

justice criminelle, du *Tribunal civil*, du *Lycée* et des *Droits réunis*.

Il a imprimé le *Bulletin de la Somme*, qui paraissait encore le 19 mars 1811, et le *Mémorial administratif,* de 1818 à 1822.

L'imprimerie de Maisnel a cessé d'exister vers 1824.

1797. — MARIELLE.

Marielle a d'abord été libraire, seulement ; en 1790, il était établi au Bloc, n° 2796, et plus tard, lorsqu'il devint imprimeur, il se trouvait rue des Sergents. Il n'avait qu'une seule presse, qui a cessé de fonctionner en 1825.

1724. — Louis GODART et ses successeurs.

Louis Godart, imprimeur et libraire, paraît avoir créé son établissement en 1724 ; il était né en 1687 à Amiens.

Son domicile était rue du Beau-Puits, à l'enseigne de la *Bible d'or ;* après 1730, il prenait les titres d'*imprimeur du roi et du collège ;* il est décédé en 1742.

1742. — Veuve GODART.

La veuve Godart, née Charlot (Élisabeth), a succédé à son mari et laissé des travaux nombreux et importants pour lesquels elle a été aidée par son fils Louis.

Elle a eu successivement son établissement rue du Beau-Puits, rue des Rabuissons, et rue St.-Méry.

Les publications de l'Académie et de l'Intendance de Picardie étaient imprimées chez la veuve Godart, qui était aussi *imprimeur du roi.*

Les *affiches de Picardie* et l'*almanach de Picardie* ont été imprimés par la veuve Godart, jusqu'en 1777.

La veuve Godart a exercé concurremment pendant 20 ans, en même temps que la veuve Charles Caron.

Ces deux veuves n'étaient pas toujours en parfait accord ; il y avait entr'elles plus d'un motif de jalousie.

Un beau jour de l'année 1753, certains griefs respectifs des deux rivales, à propos de l'impression de livres saints, furent soumis à la justice des tribunaux ; la veuve Godart avait obtenu la permission, par lettre du grand sceau, d'imprimer, vendre et débiter des livres d'heures et d'offices, nonobstant le privilége des évêques et de leurs cessionnaires ; malgré cette permission la veuve Caron, imprimeur de l'évêché, avait fait saisir l'*Office de la Semaine Sainte* et *l'histoire de l'Ancien et du Nouveau Testament*, imprimés par la veuve Godart, d'où est né un procès qui a fait surgir des mémoires de part et d'autre ; gain de cause n'est pas resté à celle-ci.

1777. — Jean-Baptiste CARON l'aîné.

Successeur, comme imprimeur et libraire, de la veuve Godart, Jean-Baptiste Caron l'aîné, fils de L.-Ch. Caron et frère de Caron-Berquier, prend possession de l'établissement, le 4 octobre 1777, et l'annonce au public dans la feuille d'affiches, dès le 11 du même mois, sous le nom de Jean-Baptiste Caron *fils ;* ce n'est que quelques années plus tard qu'il s'est donné la qualification de Jean-Baptiste Caron *l'aîné.*

Il demeurait alors rue St.-Martin, près du Marché-aux-Herbes ; le 19 juillet 1784, il transfère ses presses et son domicile dans une maison dont il était propriétaire, place de Périgord, 37.

Jusqu'en 1790 Jean-Baptiste Caron l'aîné fut *imprimeur*

du Roi et du *Collége*, de *l'Intendance* et de *l'Académie*, du *Diocèse* et du *Département*. Les travaux qu'il a exécutés pour le service de l'intendance, en 1789, s'élevaient au chiffre de 4,100 fr., ainsi qu'on le voit par les comptes de l'intendant d'Agay.

Pendant sa longue carrière d'imprimeur, Caron l'aîné est resté fidèle à ses principes monarchiques, ainsi que je l'ai déjà dit ; il en est résulté que, pendant l'époque révolutionnaire, il a été peu occupé ; c'est de loin en loin qu'il donne quelques signes d'existence, jusqu'en 1811. En l'an VI, il imprimait pour les *administrations ;* en 1806 il était imprimeur de la *Municipalité* et de *l'Evêché*.

Sous Louis XVIII, son imprimerie eût une certaine activité ; il reprit le titre d'*imprimeur du Roi et de la Préfecture ;* il avait encore 4 presses.

Il a imprimé plusieurs bons ouvrages, entr'autres quelques-uns du P. Daire, les *procès-verbaux de l'Assemblée provinciale de Picardie,* et d'autres livres qui seront indiqués dans la 2ᵉ partie du présent travail.

Il a continué la publication du journal d'*affiches* et des *Almanachs de Picardie*.

Il a édité et imprimé le *journal du département de la Somme*, ainsi que la feuille d'*affiches, annonces judiciaires et avis divers de la ville d'Amiens,* jusqu'en 1819.

Caron l'aîné est mort à Amiens en l'année 1819, ayant honorablement rempli sa carrière et les fonctions d'imprimeur pendant 42 ans.

1819. — CARON-DUQUENNE.

Fils de Jean-Baptiste Caron l'aîné, Caron-Duquenne succéda à l'imprimerie de son père en 1819, et demeurait place de la Mairie, nº 6 ; il prenait aussi la qualification d'*im-*

primeur du Roi, de la *Préfecture* et de l'*Évêché*. Il a été l'éditeur et l'imprimeur de la feuille d'*affiches, annonces et avis divers de la ville d'Amiens*, jusqu'en 1828, époque à laquelle l'imprimerie est passée aux mains de Boudon-Caron, son gendre.

1828. — BOUDON-CARON.

Boudon-Caron, gendre et successeur de Caron-Duquenne, reprit l'établissement de ce dernier en juin 1828, et le fit valoir jusqu'en 1839 ; il a édité et imprimé la *feuille d'affiches*, la *Sentinelle picarde* et l'*Abeille picarde*, la *Revue d'Amiens*, et *le Soir*. Cette dernière feuille contient des articles fort piquants de M. Michel Vion, l'un des membres distingués de la Société des Antiquaires de Picardie, auteur de la *Vie de Pierre l'Hermite*, et de diverses autres publications. Boudon-Caron était *imprimeur* de la *Préfecture* et de l'*Évêché*. C'est le dernier des imprimeurs d'Amiens qui ait pris le titre d'*imprimeur du Roi*. L'imprimerie de Boudon-Caron était située place de la Mairie, 6, et en dernier lieu rue des Trois-Cailloux, 29. C'était le rendez-vous ordinaire du parti libéral à cette époque.

1839. — E. YVERT.

M. Yvert, homme de lettre et membre de l'Académie d'Amiens, est le successeur de Boudon-Caron ; il exerce encore aujourd'hui. Son établissement, qui était primitivement rue des Sergents, 32, est aujourd'hui rue Sire-Firmin-Leroux, 26.

Il a édité, rédigé et imprimé plusieurs journaux politiques et littéraires, notamment : la *Gazette de Picardie* et l'*Ami de l'ordre*, créé le 8 octobre 1848, et ayant cessé de pa-

raître le 1ᵉʳ novembre 1859. Il a seulement imprimé la
Sentinelle picarde, dont M. Cassagnaux était le rédacteur
en chef, et le *Journal de la Somme*, dont M. Degouve de
Nuncques était le propriétaire et le rédacteur en chef. Ce
dernier obtint même, en 1848, un *brevet d'imprimeur*,
mais il n'en fit aucun usage. Ce brevet fut supprimé à la
fin d'août 1848. M. Yvert rédige et imprime actuellement la
Revue picarde. Les *Mémoires de l'Académie du département
de la Somme* doivent être imprimés par M. Yvert à partir de
1861. Un brevet de libraire est attaché à cet établissement,
depuis le 26 juillet 1841.

L'imprimerie de M. Yvert a été fondée originairement
par Louis Godart, vers 1724. Elle a, par conséquent,
137 ans d'existence.

1811. — Caron-Vitet [1] et ses successeurs.

Cet imprimeur s'est installé en 1811, mais c'est seulement en 1815 qu'il a obtenu son brevet; il demeurait alors
rue St.-Martin où il était déjà libraire. Plus tard son domicile a été transféré successivement rue des Sergents, puis
dans la maison située à l'angle de la rue des Vergeaux et
de la place du Marché-aux-Herbes. Caron-Vitet a imprimé
plusieurs journaux : le *journal d'agriculture et de commerce*,
devenu ensuite *journal de la Somme*, la *Gazette de Picardie*,
etc.; il a édité des livres classiques et de piété qui ont eu
un débit considérable. Il avait organisé une fonderie de
caractères pour l'usage de son établissement. C'est en 1840
qu'il a cessé d'être imprimeur.

---

[1] Aucun degré de parenté n'existe entre cette nouvelle famille d'imprimeurs et l'ancienne famille Caron-Hubault.

1840. — Caron et Lambert.

Depuis 1840 MM. Caron et Lambert ont succédé à Caron-Vitet, leur père et beau-père. Les livres de liturgie, les livres classiques, et les almanachs sont leur spécialité; ils font un commerce de librairie très-important, ils éditent un journal littéraire et d'annonces, paraissant une fois par semaine, intitulé le *Publicateur*.

1814. — Ledien-Canda et ses successeurs.

Ledien-Canda, d'abord libraire, est devenu imprimeur en 1814 et avait établi ses presses rue des Sergents, 36. Il a imprimé les journaux le *Miroir* et l'*Abeille picarde* [1], deux feuilles fort intéressantes; elles contiennent plusieurs articles concernant le canal de Picardie.

Ledien-Canda était *imprimeur de la Préfecture*.

1829. — Ledien fils.

Ledien fils succéda à son père en 1829 et s'installa rue Royale, 10. Il était *imprimeur de la Préfecture* et de l'*Evêché;* le journal le *Franc-Picard* a été imprimé par lui jusqu'en 1836.

1841. — Lenoël-Hérouart.

M. Lenoël-Hérouart a reçu son brevet d'imprimeur et de libraire, comme successeur de Ledien fils, en 1841, et conserva le même domicile, où il se trouve encore aujour-

[1] Le bureau de ce journal a été établi en 1828 rue St.-Denis, au coin de la rue des Trois-Cailloux; Binet en était propriétaire et rédacteur.

d'hui ; il est imprimeur de l'*Evêché* et de l'*administration
des contributions directes ;* il édite des livres de liturgie et
des livres classiques, ainsi qu'un journal hebdomadaire,
littéraire et d'annonces, l'*Étoile de la Somme ;* il imprime
aussi la *Picardie,* revue historique et littéraire, dont il a
déjà été parlé.

1819. — Auguste CARON et ses successeurs.

Auguste Caron, fils de Caron-Berquier, devint imprimeur
et libraire en 1819, et installa ses presses place Périgord,
n° 1, où est encore aujourd'hui le siége de cette imprimerie, qui est dirigée par Lemer aîné, son cinquième successeur.

Auguste Caron est le fondateur et le premier imprimeur
du journal *le Glaneur.*

1826. — Raoul MACHART.

C'est en 1826 que Raoul Machart a repris l'imprimerie
et la librairie d'Auguste Caron ; il a dirigé avec succès cet
établissement jusqu'en 1838, époque de son décès.

1838. — DUVAL et HERMENT.

Duval et Herment, imprimeurs associés, ont donné,
par leur zèle et leurs travaux communs, une impulsion
nouvelle à leur établissement ; pendant une association de
18 années, ils ont mis au jour un grand nombre d'ouvrages
de toute nature et un choix de publications historiques et
locales, qui sont suffisamment connues. Ils ont exécuté,
pendant cette période, les divers travaux de la Préfecture,
qui, dans ces derniers temps, ont été mis en adjudication

par soumissions cachetées et échoient, par ce moyen, à celui des imprimeurs qui offre le rabais le plus considérable.

Duval et Herment ont exécuté les publications de l'*Académie*, de la *Société des Antiquaires de Picardie*, de la *Société d'Horticulture*, du *Comice agricole*, de la *Société médicale*, de la *Société des Amis des Arts*, etc.; ils étaient imprimeurs de la *Cour* et du *Tribunal de première instance*.

Les presses lithographiques, qui font encore partie de cet établissement, ont puissamment contribué, par des dessins d'une bonne exécution, à rehausser le mérite et l'intérêt de la collection du journal *le Glaneur*.

1857. — Eug. Herment.

M. Duval ayant cédé ses droits à M. Herment, au mois de janvier 1857, celui-ci est alors resté seul propriétaire et titulaire de l'imprimerie, qui n'a rien perdu de son importance sous ce chef expérimenté. Il avait un matériel plus que suffisant et parfaitement choisi pour satisfaire largement à tous les besoins du service de son établissement. C'était pour lui une question de goût et d'amour-propre, et il est mort sans avoir pu réaliser toutes les améliorations qu'il projetait.

1857. — Veuve Herment.

Après le décès de son mari, arrivé en septembre 1857, Mme veuve Herment a pu continuer, avec le concours d'un personnel dévoué, à gérer l'imprimerie; mais la charge d'un tel fardeau, à la suite d'une perte aussi cruelle, ne pouvait être longtemps supportée par une femme qui n'avait jamais été initiée aux affaires. Son intérêt et celui de

7.

ses enfants lui commandait d'abandonner cette direction à un homme capable.

1860. — LEMER, aîné.

M. Lemer aîné, successeur actuel de Mme Herment, apporte, avec l'expérience de son art, le désir de conserver les traditions de ses prédécesseurs et de marcher dans la voie des améliorations les plus nouvelles. Plusieurs ouvrages, déjà sortis de ses presses, peuvent confirmer ces prévisions.

1829. — SEBLOND et Cie.

M. Seblond obtint un brevet en 1839, mais il n'a pas exercé en réalité, et les deux ou trois publications qui ont paru sous son nom ont été imprimées par Alfred Caron, son successeur.

1839. — Alfred CARON.

Le 28 novembre 1839, M. Alf. Caron, fils de Caron-Vitet, a été nommé comme successeur de Seblond et Cie. Ses presses, établies d'abord Galerie du Commerce, furent bientôt après transportées dans la maison rue des Trois-Cailloux, dont chacun connaît les montres élégantes et les magasins somptueux, remplis d'articles de librairie, d'objets d'art et de fantaisie, que M. Caron joint à son commerce.

M. Caron est l'imprimeur des publications de la *Préfecture de la Somme ;* il a obtenu ces travaux depuis le nouveau mode d'adjudication par soumissions cachetées.

Il imprime un journal littéraire et hebdomadaire, le *Moniteur Picard.*

1851. — CHALLIER.

Le 15 décembre 1851, M. Challier a obtenu un brevet d'imprimeur en lettres ; il édite et imprime le *Mémorial d'Amiens*, journal politique paraissant tous les jours, sauf le lundi, depuis le 25 octobre 1851.

1857. — JEUNET.

M. Jeunet, précédemment imprimeur à Abbeville, a obtenu en 1857, à Amiens, les brevets d'imprimeur en lettres, de libraire et d'imprimeur-lithographe. Il dirige, avec toute l'activité possible, ces divers établissements, qui ont pris un assez vaste développement, surtout par des travaux venant de l'extérieur, ainsi que je l'ai déjà mentionné.

M. Jeunet est le directeur-gérant et l'imprimeur du *Journal d'Amiens, moniteur de la Somme*, feuille politique paraissant chaque jour, le lundi excepté.

IMPRIMEURS-LITHOGRAPHES.

C'est vers 1826 que cette industrie a été établie à Amiens. Les premiers titulaires de ces établissements furent Legrand, Laroche, Delaporte, Scellier, Lebel, etc.

Un amateur, dont la ville d'Amiens garde le précieux souvenir, M. Leprince, a puissamment contribué au développement de cette industrie, en faisant exécuter et en exécutant lui-même de nombreux travaux.

Les noms des imprimeurs-lithographes figurent dans un tableau chronologique.

XIV.

ORIGINE DE LA LIBRAIRIE A AMIENS.

Son développement. — Divers titulaires. — Les Bouquinistes. — Les Ventes publiques. — Société de Bibliophiles picards, en projet.

Il est impossible de ne pas parler, dans cette notice, des libraires qui ont, à différentes époques, exercé cette profession sans être en même temps imprimeurs.

Le commerce de la librairie existait à Amiens avant que l'imprimerie y fut établie. C'est un double titre pour consacrer une page aux titulaires de ces premiers établissements et à leurs successeurs ; le droit d'aînesse de la librairie n'est pas perdu... devant l'histoire.

Voici donc quelques notes sur cette industrie locale :

Dès le XVe siècle on voit des libraires en cette ville. L'un d'eux se fait connaître en 1461 par une demande d'exemption de taille, adressée à l'échevinage ; c'est maistre Gauchier Deschamps. Voici la décision formulée par Messieurs sur cette demande :

« Sur ce que maistre Gauchier Deschamps avoit présenté sa sup-
» plicacion à Messieurs, contenant qu'il estoit libraire de Mgr le
» duc de Bourgogne, pourquoi il estoit et devoit estre exempt de
» tailles, guets et autres subsides de l'aide de vin pour 11 tonneaux
» par an de despence, côme par les lettres paroit apparoir si quil
» disoit requérant à Messieurs qu'il put demourer quitte de l'ayde

» de boisson par paiant seulement demye-ayde. Vue laquelle re-
» queste Messieurs y ont répondu *nichil, nihil,* (rien, néant) [1]. »

Aux xve et xvie siècles on trouve aussi les noms suivants :

Jean Waspasse ou Vaspase , chez lequel on vendait , en 1599, les *Statuts synodaux* de Mgr Geoffroy de la Martonie , lesquels avaient été imprimés à Reims ; Jean Lecarpentier, Guillaume le Prévost , Nicolas Caron et Jean Brugnet.

A cette époque, on voit également le nom de Jehan Caron qui , en 1549, fut l'éditeur des *Coutumes d'Amiens ,* imprimées en gothique , sans indication du lieu de l'impression. Jehan Caron existait encore en 1559 et demeurait « haulte rue Notre-Dame , près St.-Martin. »

Ces libraires avaient leurs établissements rue du Beau-Puits et rue Basse-Notre-Dame ; il se trouvait aussi des étalages de livres dans des logettes établies le long du parvis de l'église cathédrale. Ces logettes ont subsisté longtemps ; elles sont figurées sur un des dessins lithographiés qui ont paru dans le journal *le Glaneur ;* elles n'ont été détruites que vers le milieu du xviie siècle , afin de dégager l'édifice Notre-Dame.

Le commerce exercé dans ces logettes ne consistait pas seulement en livres de piété ; on y trouvait en outre des cierges , des reliquaires et des images pouvant également convenir aux personnes dévotes qui fréquentaient la célèbre basilique à cette époque de ferveur.

On devait voir aussi chez ces premiers libraires quelques manuscrits , enluminés par les artistes d'alors , artistes que M. Dusevel a fait connaître dans un ouvrage récent [2].

---

[1] Echevinage, 19e jour d'octob., l'an mil IIII LXI.—Note de M. Dusevel.

[2] Voir *Recherches historiques sur les ouvrages exécutés dans la ville d'Amiens par des maîtres de l'œuvre , entailleurs, peintres, etc.* Lenoël , 1858, in-8º.

La profession d'écrivain et d'enlumineur paraît avoir été exercée à Amiens à une époque fort ancienne. Ces artistes étaient organisés en *communauté* et faisaient partie de la même *confrérie* avec les peintres, sculpteurs, brodeurs, et doreurs. En 1742 Louis XV a approuvé les nouveaux statuts de cette corporation [1].

En 1757, les écrivains, ou maîtres d'écritures, qu'il ne faut pas confondre avec les écrivains enlumineurs, étaient nombreux à Amiens ; ils s'étaient réunis aux maîtres d'écoles pour soutenir un procès contre les frères de la doctrine chrétienne, auxquels ils contestaient le droit d'enseigner, sauf aux enfants des pauvres.

Aujourd'hui, encore, Amiens possède un artiste qui rivalise par son talent avec les enlumineurs d'autrefois ; chacun connaît les travaux exécutés en ce genre par le peintre Aubin Normand.

Lorsque l'imprimerie fut établie à Amiens, la librairie y prit un peu plus de développement ; aux œuvres des presses étrangères vinrent s'ajouter celles des presses de la localité. Ces productions nouvelles étaient vendues et débitées par les différents libraires, encore bien que les imprimeurs de ce temps-là, comme la plupart de ceux d'aujourd'hui, exerçassent la librairie en même temps que l'imprimerie. Ces premiers imprimeurs n'avaient pas alors plus d'intérêt que n'en ont les imprimeurs-libraires de nos jours à se réserver le monopole de la vente des livres imprimés par eux.

Le commerce actuel de la librairie ancienne et moderne

---

[1] Voir dans la deuxième partie la description de ces statuts, où il est dit que les premiers remontent à l'année 1400. Les verriers ont été réunis à cette corporation en 1491, qui s'était placée sous le pieux patronage de saint Nicolas.

à Amiens n'est pas sans importance, et ses établissements sont bien connus. Les noms des titulaires se trouvent dans les tableaux chronologiques. Revenons aux anciens libraires.

Les libraires, comme les imprimeurs, ont généralement choisi pour leur domicile, jusqu'à l'époque de la révolution de 89, les quartiers Notre-Dame et St.-Martin.

Dans le XVIIe et XVIIIe siècles, des bibliophiles et des amateurs de curiosités appelés, à cette époque, des *curieux*, se trouvaient en grand nombre dans la rue Basse-Notre-Dame.

« Cette rue est remplie de belles maisons de marchands, qui ne
» se piquent de faire paroistre leur magnificence que sur le der-
» rière de leurs maisons, où les tableaux, statues et autres curio-
» sités s'y trouvent en abondance ; leurs cabinets sont remplis de
» très-beaux *livres* et de pièces rares et curieuses des pays estran-
» gers. » (Voy. de Beauvillé, *Recueil de documents inédits concernant la Picardie.* Paris, Imprimerie impériale, 1860, in-4°.)

De Vermont, dans son *Voyage pittoresque*, signale aussi divers cabinets d'amateurs de *livres* et de curiosités, tels que ceux de l'abbé M*** (Masclef), riche en médailles, estampes, tableaux, possédant de plus une *bibliothèque choisie ;* M. de R*** (de Riencourt), chanoine, collectionneur de tableaux ; M. H*** (Houzet ?), receveur des tailles, possesseur de tableaux de grands maîtres, entr'autres d'une suite de portraits de Largillière ; M. de M*** (de Mons), écuyer, chez lequel on trouvait des vases et des urnes antiques, etc.

1665. — A cette époque, Gilles DE GOUY était libraire à Amiens. Il fut l'éditeur d'un livre intitulé : *Crisimerologion,* dont M. A. Petit était l'auteur. Ce livre latin a été imprimé à Rouen ; il contient une préface en français du libraire de Gouy.

1670. — Michel DE NOEUFGERMAIN ou DUNEUFGERMAIN était établi, en cette année, rue St.-Martin ; il avait obtenu de Mgr Faure, évêque d'Amiens, la cession du privilége du roi pour faire imprimer, vendre et débiter les *grandes heures* ou le *bréviaire des laïques*, *à l'usage du diocèse d'Amiens*, livre qui parut en 1670, de format in-12, avec des gravures de Chereau et autres.

Une ordonnance de police, rendue à Paris le 17 juin 1778, obligea le libraire Duneufgermain à enlever ses livres hors de Paris, dans le mois au plus tard, à peine de confiscation ; la visite de ces livres préalablement faite par les syndics et adjoints, attendu qu'il était défendu de tenir boutique ou magasin à Paris, par facteurs, commissionnaires ou autres personnes interposées (Code Saugrain).

1735. — On trouve, à cette date, les noms de Antoine RÉDÉ et de MASTIN, comme libraires.

1768. — Louis GODART fils, libraire, directeur du bureau d'annonces et du *journal d'affiches*, avait une librairie importante. Il coopérait de tous ses soins aux travaux de l'imprimerie dont la veuve Godart, sa mère, était titulaire ; la direction du *journal d'affiches*, surtout, était pour lui une grande occupation, ainsi qu'on en peut juger par les avis ou prospectus qu'il faisait distribuer pour propager ce journal, *de plus en plus agréable*, comme le disent ces prospectus, dont un exemplaire est en la possession de M. Michel Vion, déjà nommé, qui en a fait la trouvaille dans un *bréviaire* ayant appartenu à Lhomond.

1783. — Il y avait alors pour libraires : VAST, WALLOIS, CARON-BERQUIER, la veuve MASTIN, DARRAS et autres. Le sieur Mastin et sa veuve voyaient les amateurs fréquenter souvent leur boutique ; ils y furent surtout attirés en 1783 par un exemplaire du *Nobiliaire de Picardie*, de De Rousseville, déjà recherché à cette époque. Enfin, le 13 novembre de ladite année, cet exemplaire, quoiqu'incomplet de 45 généalogies, fut acquis pour M. l'abbé de Bois-Billy, vicaire-général à Rennes et ami de l'intendant D'Agay, moyennant 150 liv. [1]

1785. — MARIELLE, installé au bloc, avait une librairie fort suivie ; sa maison portait, en 1792, le n° 2796. Il fut en cette année l'éditeur d'un petit livre, fort rare aujourd'hui, intitulé : *Explication des maximes catholiques, actes, prières et litanies. Le tout propre à ce temps d'affliction pour les fidèles enfants de l'église.* Les maximes de ce livre sont en vers, l'explication est en prose. Voici quelques-unes des maximes :

> Des schismatiques tu fuiras
> Messes, sermons également.

> A eux ne te confesseras
> Qu'au cas de mort uniquement.

> Et dans ta maison tu prieras,
> Si tu ne le peux autrement.

> Des intrus tu déploreras
> Le pitoyable aveuglement.

> Avec soin tu te garderas
> De te souiller par leur serment.

Et cette autre, bien digne d'un cœur véritablement chrétien :

> Pour les persécuteurs n'auras
> Ni haine, ni ressentiment.

---

[1] Manuscrit de M. Le Couvreur de Boulinvilliers, cabinet de M. Caumartin.

Belle et touchante maxime ! trop peu souvent mise en pratique !

Marielle a cumulé, à partir de 1797, les professions de libraire et d'imprimeur ; mais celle-ci n'était que l'accessoire, comme il ressort du petit nombre de travaux typographiques exécutés par ce titulaire.

1795. — En cette année, voici un nouveau libraire, arrivant de Paris avec une certaine prétention à l'érudition bibliographique ; laissons-le parler, et voyons son programme dans les affiches du 20 vendémiaire an IV.

« Le citoyen GAUDEFROY, commissaire littéraire à la bibliothèque » du district, ci-devant libraire à Paris, prévient ses compatriotes » qu'il vient de faire l'ouverture de son magasin de librairie, rue » des Rabuissons, n° 5,395, au premier, près le Département. »

Il annonce :

« Que son magasin est des mieux fournis dans toutes les classes » bibliographiques, même en ouvrages secrets parus à l'étranger » sous Louis XV et Louis XVI, écrits de main de maîtres, prohibés » sous l'ancien régime, présentant un tableau fidèle et exact des » anecdotes secrètes les plus piquantes, et la chronique scandaleuse » de la cour et de la ville, etc. »

Il offrait de ranger dans le meilleur ordre bibliographique les bibliothèques qu'on voudrait bien lui confier et d'en dresser les catalogues.

Je ne sais si les projets de ce libraire ont été couronnés de succès, mais j'en doute fort, car, assurément, il n'était plus à Amiens, comme libraire du moins, en l'année 1800 et peut-être même avant.

Après 1772, lorsque la halle marchande fut reconstruite, des libraires y ont établi leurs magasins, parmi lesquels on remarquait, en dernier lieu, ceux des frères Allo.

De nombreux bouquinistes s'y étaient aussi installés et y sont restés jusqu'au jour où le marteau démolisseur les a obligés à se disperser. Il n'ont pour ressource actuelle, comme étalage, que le marché dit *à réderies*, qui se tient le samedi sur la place St.-Firmin, marché où les amateurs trouvent peu de chose à glaner. Certains bibliomanes, voire même des bibliophiles de mérite, n'attendent pas cette exhibition en plein air pour faire leurs acquisitions ; c'est dans quelque coin obscur de la boutique et sous une épaisse couche de poussière qu'ils aiment à découvrir des trésors ignorés.

Ce beau désordre est quelquefois un effet de l'art de vendre du marchand qui a su habilement présenter ses bouquins sous cet aspect poudreux. Qu'importe, après tout, si l'acheteur est satisfait !

Parmi les bouquinistes et étalagistes amiénois, il en est un dont le nom ne doit pas être passé sous silence ; chacun devine qu'il s'agit de Lazare Lenain, connu à plus d'un titre. Lenain est auteur et poète ; il collectionne avec passion les livres sur les sciences occultes, sujet sur lequel il a écrit un livre devenu rare, intitulé la *Science cabalistique*. Avec cette vocation, si Lenain eût vécu au XVe ou au XVIe siècle, il n'aurait pas manqué d'être brûlé vif, comme l'ont été à cette époque, sur de simples soupçons, de prétendus sorciers.

Lenain se livre parfois à des invocations qu'il nomme mystiques, dans le genre de celle-ci :

> « Je t'invoque en secret, souverain créateur,
> Toi qui règnes toujours dans le fond de mon cœur,
> Toi, dont le nom sacré formé de cinq voyelles :
> Jehovah, couvre moi sous l'ombre de tes aîles.
> Sans toi je ne suis rien, je suis tout avec toi ;
> Dieu de la vérité, viens, descends jusqu'à moi. »

On a vu Lenain, en 1848, aborder certaines questions de transformations sociales qui étaient à l'ordre du jour, composer des chansons patriotiques, poser sa candidature à l'Assemblée constituante et obtenir la faveur ultra-démocratique d'un certain nombre de suffrages.

Lenain a survécu à presque tous les bouquinistes, ses concurrents d'autrefois, et il est encore plein d'ardeur pour ce métier peu lucratif.

Un certain nombre de ventes aux enchères a eu lieu depuis quelques années à Amiens; beaucoup de bibliothèques ont été dispersées de cette manière, parmi lesquelles on peut citer celles de MM. Pauquy, d'Authuille, Cheussey, Fusillier, Fontaine, Andrieu, Lemerchier, Labourt, etc. Les ouvrages qui offrent un intérêt historique local sont aujourd'hui fort recherchés, et quelques-uns, devenus rares, atteignent dans ces ventes des prix assez élevés.

C'est en grande partie par les bibliophiles amiénois actuels que sont recueillis les exemplaires les plus précieux de ces bibliothèques, qui sont livrées au hasard des enchères. A propos de bibliophiles, comment ne pas citer de nouveau M. de Beauvillé. Dans la remarquable introduction de son *Recueil de documents inédits*, qui vient d'être mentionné, M. de Beauvillé parle des libéralités de livres et de manuscrits faites autrefois aux établissements religieux par des amateurs. Il signale notamment Enguerrand de St.-Fuscien, chanoine et prévôt de la cathédrale d'Amiens, qui, en mourant, le 2 janvier 1425, laissa aux Célestins cinquante manuscrits. « C'était à cette époque toute une fortune, » dit M. de Beauvillé; puis il ajoute : « si une *Société de Bibliophiles picards* parvient à s'organiser, elle devra faire mention d'Enguerrand de St.-Fuscien dans ses mémoires. »

Que ces derniers mots soient entendus, que cette *société*

s'organise ; la ville d'Amiens en possède tous les éléments ;
elle est riche en documents historiques , en légendes ; en
romans , en poésies, en œuvres littéraires , encore inédits ,
sans compter les livres anciens , rares et intéressants que
l'on peut réimprimer. Aujourd'hui cette ville ne le cède
point au passé pour le nombre et le mérite de ses collectionneurs.

Amiens, sous ce rapport , ne peut rester en arrière de
certaines villes moins importantes, pourvues de semblables
sociétés. C'est un excellent moyen d'entretenir et de propager l'amour des livres choisis , utiles , intéressants et
curieux à tous les titres.

Puisse ce vœu prendre la forme d'un projet puissamment
patronné , et ce projet recevoir prochainement son exécution. Une Société des Amis des livres ne serait-elle pas
d'ailleurs la sœur de la Société des Amis des arts , qui se
réorganise en ce moment ?

DEUXIÈME PARTIE.

DESCRIPTION DE LIVRES DIVERS

IMPRIMÉS A AMIENS.

Cette deuxième partie se composera de la description de livres divers sortis des presses d'Amiens, depuis l'origine de leur établissement jusqu'à nos jours, choisis parmi ceux qui paraissent offrir le plus d'intérêt, au point de vue historique, littéraire, archéologique ou à tout autre titre, comme aussi parmi ceux qui sont devenus rares et présentent quelques particularités.

Encore bien que cette description soit fort restreinte, et qu'elle soit loin de comprendre tous les livres qui mériteraient d'être signalés, elle embrasse plus de 600 ouvrages.

Une nomenclature plus complète serait mieux placée dans un *Manuel du Bibliophile picard,* ouvrage dont le besoin est généralement senti. Déjà M. Dufour, membre de la Société des Antiquaires de Picardie, a entrepris un *Essai bibliographique* que j'ai signalé plus haut, et qui doit reproduire la partie historique, revue et augmentée, de la bibliothèque de Fevret de Fontette, concernant la province de Picardie. Il ne faut donc pas désespérer de voir paraître prochainement ce *Manuel*, livre utile aux travailleurs. Les bibliographes picards ne voudront pas rester long-temps en arrière des bibliographes normands et autres, qui ont doté leurs pays d'ouvrages semblables.

L'ordre chronologique que j'ai choisi est, à mon avis, le plus convenable au but de la description qui va figurer ici, but qui est surtout de faire connaître la nature des travaux mis au jour par les divers imprimeurs de la ville d'Amiens, depuis les débuts de l'imprimerie dans cette ville jusqu'à présent; on pourra donc ainsi suivre plus facilement, chaque année, les traces de cette industrie locale.

Des tableaux chronologiques, indiquant les noms des imprimeurs et libraires, termineront cette deuxième partie.

DESCRIPTION DE LIVRES DIVERS

IMPRIMÉS A AMIENS.

1. **Coustumes généralles du bailliage damiens**, avec celles des prevostez de Monstroeul , Beauquesne , Foulloy, Sainct ricquier, Doullens et Beauvoisis , nouvellement publiees et décretees en la ville damiens par Messieurs les commissaires deleguez de par le Roy, nostre souverain seigneur, sur le faict des coustumes du royaulme de France. Imprimees par l'ordonnance desd. commissaires, par Nicolas Le Caron , imprimeur et libraire demourant en lad. ville damiens, en la rue des lombars. — Pet. in-8° goth., 95 feuillets. A la fin : Imprimé à Amiens par Nicolas Le Caron, demourant en la rue des Lombars.

Bibliothèque de M. V. de Beauvillé.

2. **Harangue de messire Urbain de Sainct-Gelais**, chevalier de l'ordre de France , sieur de Bois-Dauphin, gouverneur et lieutenant-général en Picardie, en l'absence de Mgr le duc d'Aumalle, faicte à Amiens en l'assemblée générale des villes catholiques dudit pays, convocquees pour envoyer leurs deputez aux États généraux de France à Rheims , pour l'eslection d'un roi catholique, le 2 janvier 1592. A Lyon , par Louis Tantillon, prins sur la coppie imprimée à Amiens par Anthoine Deshayes, 1592, avec permission.

Cat. Potier, 1861.

3. **Articles de la trefve conclue et arrestée pour 12 ans**, entre la majesté du roi d'Espaigne, etc., et les sérénissimes archiducqz,

nos princes souverains d'une part, et les estats des provinces unies des Pays-Bas, d'autre.

A Amyens, de l'imprimerie de Jacques Hubault, rue du Beauregard, suivant la copie imprimée à Bruxelles par Rutger Velpius. 1609, avec privilége.

Ces articles furent arrêtés le 19 février 1609, et imprimés à Bruxelles, sans doute peu de temps après ; en sorte que l'on peut supposer que c'est vers la fin de juillet de la même année, que cette brochure fut imprimée par Jacques Hubault, ainsi qu'il a été expliqué page 77.

C'est une des premières productions de cet imprimeur ; elle porte une vignette que j'ai remarquée sur plusieurs des livres imprimés par lui. Cette vignette, représentant une tête de chérubin accompagnée de cornes d'abondances et d'autres ornements, n'était pas particulière à Hubault, car je l'ai trouvée aussi, notamment, sur deux livres portant les noms de Pierre Hury et Etienne Presvoteau, libraire et imprimeur de Paris. L'un de ces deux livres a pour titre : *Resjouissance sur la réduction de la ville d'Amiens, faite au roi Henri IV.*

4. Édict faict par Sa Majesté, avec la vériffication d'icelluy pour l'establissement du corps de ville, après la reprise d'icelle. — J. Hubault. 1609.

5. Oratio habita Ambiani in dissectione corporis humani, in qua hominis dignitas ennaratur, qua is cæteris præstat ancinautibus ; et illud Apollinis oraculum accurate explanatur. Differente Carolo Le Caron medico.

Ambiani ex officina typographica Jacobi Hubault, 1612, petit in-8° de 28 p.

6. Recueil de la vie, mort, invention et miracles de saint Jean-Baptiste, où il est montré que le reliquaire d'Amiens est son vrai chef, (par Robert Viseur, chanoine d'Amiens). — Jacq. Hubault, 1609. Réimprimé en 1613, 1618 et 1649.

7. Coustumes générales, locales et particulières du bailliage d'Amiens. — J. Hubault, in-12.

B. d'Abbeville.

8. Adrian Hucher, mis à l'inquisition des passages de la Bible de

Genève , ou les actes de la conférence entre le P. François Véron et M. Adrian Hucher, ministre de la religion prétendue à Amiens, sur le subject du Saint-Sacrement de l'autel, par la seule Bible de Genève, en présence de Mgr le duc de Longueville.— Amyens, Jacques Hubault , 1615, petit in-8°.

B. de M. V. de Beauvillé.

Hucher ou Le Hucher était ministre protestant à Amiens ; il est connu par ses conférences publiques avec le P. François Véron , qui eurent lieu en 1615, et la polémique qu'il soutint contre Robert Viseur, chanoine de la cathédrale d'Amiens , vers la même époque. C'est dans l'ouvrage de cet écrivain, sur l'Eucharistie , que l'on trouve le passage rapporté plus haut, à la page 34 , sur l'impossibilité où étaient les protestants de faire imprimer à Amiens, avec permission , leurs livres de controverse ou bien ceux qui traitaient de la religion réformée.

9. Le thrésor des grandes richesses de l'église , et ce que doivent faire ceux qui les reçoivent et les distribuent. Livre fort utile et plein de consolation pour toutes sortes de personnes, et où les adversaires de l'église doivent prendre occasion de se convertir, s'ils ne sont du tout désespérez.

A Mons. Lefeure de Caumartin , éuesque d'Amyens , par Nicolas de Blayrie, docteur en théologie de la faculté de Paris, chanoine théologal et pénitentier de l'église d'Amyens.

A Amyens, de l'imp. de Jacques Hubault , demeurant devant le Beau-Puits , 1618, avec approbation des docteurs ; pet. in-8° contenant : épitre, 8 ff. ; préface, sommaire et quatrain , 3 ff. Description des éuesques d'Amyens , anagramme de Mons. François Lefeuure et sonnet sur celui de l'auteur, etc., le tout n. chif. texte 253 ff., terminé par l'app. des docteurs ; lettres initiales ornées.

10. Vers latins à Mgr de Caumartin , par Louis Andrieu , chanoine. — Jacques Hubault, 1618.

Manuscrit Decourt.

10bis. Le manifeste de Picardie au Roy.— Amiens, s. d. (vers 1619.)

11. Bref estat des antiquitez et choses plus remarquables de la ville d'Amiens, poétiquement traitées. 2me édit., suivie du catalogue

des évêques d'Amiens, par De Lamorlière. — J. Hubault, 1622, petit in-8°.

12. Ordonnance du Roy pour la paix, publiée à Paris le 31 octobre 1622. — Amiens, Jacques Hubault.

B. d'Amiens.

13. La réduction de la ville de Mont-pellier à l'obéyssance du Roy. Ensemble celles de Nismes, Castre, Uzez, Puylaurent et de tout le Languedoc ; avec la lettre du Roy escrite à M. le Presvost des marchands et eschevins de la ville de Paris, pour l'asseurance de la paix. Amiens, 1622, J. Hubault.

B. d'Amiens.

14. Justo ucondono, tragédie (par P. Orry). Amiens, 1626, G. Lebel.

15. De febrium natura differentiis et causis paroxis morum libellus authore Car. Le Scellier, Ambianensis, Ambiani, 1627, Hubault, in-8°.

16. Paraphrase et traduction en vers du psaultier de saint Augustin à sa mère, saincte Monique, par François de Louvencourt, sieur de Vauchelles. — Amiens, 1627, J. Hubault.

> L'auteur de cet ouvrage, né à Amiens en 1569, y mourut en 1638.

17. Les chants oraculeux, tant en acclamations d'honneur et louanges pastorales sur dignes sujects, qu'en libres déclamations et pures veritez de Dieu, des saincts pères et d'autres grands autheurs : sur les abuz, vanitez et corruptions du monde. Par essais de Claude De Mons, Amiénois, seigneur de Hedicourt, conseiller du Roy, magistrat au siége baillial et présidial d'Amiens.

A Amiens, de l'imprimerie de Jacques Hubault, demeurant devant le Beau-Puits. 1627, avec permission. In-12 de 240 ff. chif., compris le titre, la préface et la dédicace ; à la fin un épilogue de l'œuvre ; à la page 10 se trouve le portrait gravé de l'auteur, avec son blason, ses devise et emblème.

> Claude De Mons était fils de Jean De Mons, ancien conseiller du Roi au bailliage et siége d'Amiens, maïeur en 1609, ainsi qu'on l'a dit précédemment, page 76.

Claude De Mons ne s'est pas moins singularisé comme écrivain que Jean De Mons, son père, auquel il a dédié l'ouvrage qui vient d'être décrit, avec cette épigramme :

> Sur le modelle franc de votre bonne vie
> Et des oracles saints de vos escrits zelez,
> Portant à votre honneur une louable envie,
> J'ay dés mon jeune temps ces deux liures moulez.
> L'un chante la vertu, l'autre blasme le vice,
> Et tous deux appointés en discordants accords,
> Au balancier jumeau de l'égale justice
> Ont leur homme chez vous sans qu'ils aillent dehors.
> Puisse donc recevoir votre sage vieillesse
> A qui j'en fais présent, quelque contentement
> De ces fruits aigres-doux de ma brusque jeunesse
> En attendant les meurs pour accomplissement.

Dans sa préface au candide lecteur, Claude De Mons explique le sujet de son livre :

> Te prévenir en armes sous le porche
> Et m'escrier devant que l'on m'escorche,
> En imitant l'anguille de Melun [1], etc.

Après cela « (vitieux, ignorant, ou jaloux), murmure et te me - contente de moi si tu veux, il ne m'en chaut ; sois bien en garde seulement, mais toi surtout (ô vitieux.) »

Le texte de cet ouvrage, mélangé de vers et de prose française et latine, ne le cède en rien à la préface par sa bizarrerie et peut faire les délices de plus d'un curieux. Un exemplaire, vendu à Amiens en 1858, n'a pas dépassé 5 fr. ; mais il faut dire qu'il était incomplet.

18. Recueil de plusieurs nobles et illustres maisons vivantes et esteintes, en l'estendue du diocèse d'Amiens et à l'environ, des alliances et vertueux actes des seigneurs et des abbayes, prieurez et églises collégiales par eux fondées. Ensuite des antiquitez d'Amiens, par Adrian De La Morlière. — J. Hubault, 1630; in-4°.

---

[1] On voit par là qu'il était question de l'*anguille de Melun* bien avant la chanson fort connue de M. et Mme Denis.

19. Miscellanea Antonii Droulini. Ambian. opuscula ill. rev. dom. d. franc. Le Fèvre de Caumartin, Ambianensium episcopo dicata. Ambiani, 1631, J. Hubault, in-8°.

20. Traité des miracles de Notre-Dame de Foy, par le P. Bourdon, prieur du couvent des Augustins d'Amiens. — Amiens, J. Hubault, imp. lib., 1633. in-12.

21. Elogia Christi salvatoris, nec non Virginis eius semper intemeratae matris in utriusque latinias, auctore Antonio Droulino ecclesiæ Ambianensis propenitentiario. — Ambiani, 1633, J. Hubault, in-8°.

22. Introduction de piété dans les mistères, paroles et cérémonies du saint sacrifice de la messe, par de Labadie, chanoine de l'église St.-Nicolas d'Amiens. — Amiens, Charles De Gouy, imprimeur (1640).

> Ce livre est indiqué dans le manuscrit de Decourt (B. communale), qui parle assez longuement de l'auteur, célèbre sectaire, prédicateur exalté, dont les sermons firent beaucoup de bruit à cette époque ; il fut même obligé de quitter la ville et finit par embrasser la religion de Calvin.

23. Raisons qui font congnoistre que la réforme du convent (*sic*) des révérends pères Jacobins d'Amiens n'est point vraiement reforme. S. n. n. l. n. d. (vers 1641), 6 pages in-4°.

> Cette brochure anonyme semble être l'œuvre de quelques Jacobins chassés du couvent pour certaines peccadilles, mais bien à tort, selon la brochure qui prend leur défense et cherche à prouver que les vrais coupables sont ceux restés au couvent et non ceux qui ont été si injustement chassés, précisément le jour des *Saints Innocents*.
>
> Parmi les griefs violents formulés contre les Jacobins, voici le plus doux, qui peut être grave aux yeux de la règle et de la religion, mais qui, au moins, ne révèle pas, comme les autres, des choses contraires à la décence. « Il a été trouvé, dit la brochure, dans la boutique d'un *paticier* de la rue de Noyon, une lettre par laquelle ce paticier est supplié par un des Jacobins réformés de lui disposer un *chapon*. — Les Jacobins sont accusés de franchir les murailles du couvent à des heures indues, etc. »

On voit que cette brochure n'est autre chose qu'un libelle dont les Jacobins chassés pourraient bien être les auteurs.

Mal imprimé, sur du mauvais papier, en gros caractères inusités, dans le but sans doute de le mieux déguiser, ce libelle doit être certainement attribué à l'une des presses amiénoises du milieu du XVIIe siècle, au temps de la réforme du couvent, qui eût lieu en 1641.

24. Règlement de l'état de la sayeterie dans la ville d'Amiens. — Rob. Hubault, près l'église St.-Martin, in-4°.

B. de l'Hôtel-de-Ville.

25. Doctrine preschée dans les églises d'Amiens par De Labadie et Dabillon, durant le présent carême, contenant 14 propositions. (1644).

Ces prédications firent grand bruit à Amiens pendant le carême de 1744 et agitèrent vivement tout le diocèse. Labadie fut contraint de quitter la ville. Le duc de Chaulne, intendant, fit une enquête sur cette affaire, qui eût un commencement de procédure, malgré la rétraction faite par les prédicateurs. Dabillon, soutenu par l'évêque Mgr Lefebvre de Caumartin, demeura à Amiens et devint vicaire général.

26. Récit véritable du procédé tenu par Mgr l'illustrissime évêque d'Amiens, pour servir de défense aux sieurs De Labadie et Dabillon, in-4°.

27. Arrest rendu par nos seigneurs du grand Conseil, sur les différents d'entre Claude Quignon, maistre chirurgien, et les maistres chirurgiens de la ville. — A Amiens, par Robert Hubault, imprimeur et libraire, 1646, 16 p. in-12.

B. de M. Caumartin,

28. Traité sur le chef de saint Jean-Baptiste qui est révéré dans l'église cathédrale d'Amiens, par Robert Viseur, chanoine. — Robert Hubault, 1649.

Manuscrit Decourt.

29. Arrest du grand Conseil du Roi, portant règlement pour les maistres barbiers chirurgiens de la ville et bailliage, touchant leur art. — Robert Hubault, 1649, 12 p. in-12.

B. de M. Caumartin.

30. Tarif des droits qui entrent en la bourse commune de Messieurs
les notaires d'Amiens. — 2 p. in-4°. s. n. n. l. (vers 1650).

Ce tarif intéressant nous apprend que le testament d'une personne de qualité coûtait 15 sols, celui d'un bon bourgeois 10 sols
et celui d'un artisan 7 sols. Les mariages ne devaient rien jusqu'à
100 livres de dot. Les actes apostoliques, qui rentraient à cette
époque dans les attributions des notaires, étaient tarifés depuis
5 sols jusqu'à 20 sols.

31. Recueil des principales ordonnances de l'Échevinage d'Amiens.
— Rob. Hubault, 1653, in-4°.

B. de M. Guerard et de M. Le Correur.

Ce recueil n'existe que dans un très-petit nombre de bibliothèques ; il n'avait jamais été imprimé avant 1653, ainsi qu'on le
voit par la délibération des échevins, du 3 juillet de la dite année,
mentionnée en tête de ce livre.

32. Statuta saluberrimi collegii medicorum Ambianensium. — Ambiani, apud Robertum Hubault, typog. propè ordes sancti Mar-
tini, M. D. LVI, in-4° de 11 p.

Ind. dans les Documents Cocheris et se trouve dans le cabinet
de M. Caumartin.

33. Geneviève, tragédie chrétienne pour la réception de Mme de
Bar, gouvernante d'Amiens, dans le coll. de la Comp. de Jésus,
15 mai 1657. — Ve Hubault.

34. Statuts synodaux de Mg^r Faure. — Ve Hubault.

35. Les blazons anagrammatiques, très-chrétiens et religieux, du
hiérapolitain d'Amiens C. D. M. (Claude De Mons), sur diverses
fleurs personnelles de piété, de noblesse, de justice et de littéra-
rature (vers et prose). — A Amiens, Jean Musnier, maistre imprimeur-libraire, rue du Beau-Puy, vis-à-vis la rue St.-Remy,
1662, p. in-8° de 159 pages chiff., y compris un avis liminaire (sic),
plus à la fin un ff. non chiffré, contenant une « épigramme apo-
logeticq de l'auteur, plus que septuagénaire. »

36. Le bref idyliacq senil et contemplatif du hiérapolitain d'Amiens
C. D. M. (Claude De Mons), mis pour eulogie préalable devant les
blazons anagrammatiques très-chrétiens et religieux (vers et

prose). — Amiens, 1663, J. Musnier, in-8° de 64 pages, y compris l'approbation des théologiens (d'Amiens) et une épigramme apologétique.

Cet ouvrage semble être la première partie du livre précédent, quoique la date de l'impression soit postérieure ; les deux ouvrages se trouvent réunis en un seul volume à la bibliothèque communale, où il y existe aussi une édition séparée des blasons.

Ces deux livres sont écrits dans le style extraordinaire qui caractérise Claude De Mons, et qui fait de chacun d'eux une curiosité bibliographique ; mais, malgré leur bizarrerie, les blasons anagrammatiques peuvent fournir des renseignements utiles, historiques et biographiques sur les célébrités et les dignitaires picards des XVIe et XVIIe siècles ; ce sont ces personnages que Demons a certainement voulu désigner dans le titre de son livre, par l'expression poétique de *fleurs de piété*, *de noblesse*, etc.

37. Maximianus, tragédie (col. Jés.), 1664. — Musnier.

38. Saint Domice et sainte Vlphe, deux merveilles des siècles passez, découvertes au monde par le R. P. Pierre de St.-Quentin, prédicateur capucin. — A Amiens, par J. Musnier, seul maître imprimeur en l'évêché d'Amiens, près du Beau-Puy. s. d. (1664), in-18, rare.

B. Douchet.

Les reliques de sainte Ulphe étaient placées dans un buste d'argent qui fut donné par la princesse Isabeau, au XIVe siècle.

Cette sainte vivait sous la protection de saint Domice, dans l'hermitage du Paraclet-des-Champs. En levant les yeux au ciel, elle obtint de Dieu que les animaux, dont le croassement l'incommodaient sans cesse, garderaient désormais un silence éternel. On prétend, — dit le P. Daire auquel j'emprunte ce fait, — que ce prodige se perpétue et que les grenouilles ne font aucun bruit dans ce canton.

39. Arrest de nos seigneurs de la cour du Parlement de Paris, du 22 mai 1665, portant règlement pour la perception des droits de travers, tant par eau que par terre, dans la ville d'Amiens. — A Amiens, par Jean Musnier, maistre imprimeur-libraire du corps de l'Université de Paris, près du Beau-Puy, 1665, in-4°.

A l'occasion de ces droits de travers et autres redevances concernant la ville, les particuliers, l'évêché et le chapitre, sont nés des procès interminables qui ont fait surgir un grand nombre de mémoires, factums et autres pièces, qu'il est facile de reconnaître pour avoir été imprimés à Amiens, quoique ne portant aucun nom d'imprimeur.

40. Anth. Petitaei Ambiani Crisimerologion sen dierum crisimorum ratio. — Ambiani, 1665, apud æg. de Gouy, in-8°.

B. d'Amiens.

Cet ouvrage a été imprimé à Rouen, chez Louis Cabut ; mais j'ai cru devoir l'indiquer ici parce qu'il contient une préface (en français) de Gilles de Gouy, libraire à Amiens, dans laquelle il annonce être l'éditeur du livre. Il donne le blason de l'auteur Petit, qui était seigneur de Coquelle, receveur des aides et ancien maïeur de Montdidier, et prenait pour devise : *petit à petit*.

41. Arrêt du Conseil, portant que les temples de la religion réformée bâtis au Pont-de-Metz, Salouël, Oisemont, etc., seront détruits dans le mois. — (1665). in-4°.

42. Advis salutaire et familier au peuple d'Amiens, que chacun doit garder pour se préserver et garantir de la peste qui court à présent, par M. Charles Ducrocq, docteur médecin, doyen du Collége des médecins d'Amiens. — Amiens, 1668, Musnier, impr. du roy et du collége, in-12.

B. d'Amiens.

43. Raisons qui ont obligé le roy d'Angleterre à se retirer de Rochester. — Amiens, G. Le Bel, 1668.

B. d'Amiens.

44. Controversa Logica, qualis nunc tradi solet in scholis. — Ambiani, Jos. Musnier, in-8°, s. d. (vers 1668).

A la suite :

Physica philosophiæ pars tertia. — S. d. (vers 1668). Ambiani, s. d., Jos. Musnier, in-8°. (Volume d'un cours de philosophie à l'usage du collége d'Amiens.

B. d'Amiens.

45. Mémoire des raisons qui ont obligé le Roy à reprendre les armes. — Amiens, 1668, Guillain Le Bel.

B. d'Amiens.

46. Bref discours de la préservation et cure de la peste, dont la pratique est facile et fidèle, par David Jouyse.— Amiens, 1668, Vᵉ Hubault, in-8°.

47. L'estat de l'église collégiale de St.-Florent de Roie. 16 p. in-4°.

B. de M. Caumartin.

Cette pièce a été suivie de plusieurs autres, pour ou contre les prétentions du doyen de Roie ; imprimées à Amiens et à Paris, elles sont à la suite de ce recueil dans la même bibliothèque.

48. Procès-verbal fait à Roye par Mgʳ l'illustrissime et révérendissime évesque d'Amiens, le 27 janvier 1669, contre maistre Faron Le Clerc, prestre doyen et théologal de l'église de St.-Florent, de Roye, pour infraction à la discipline, rebellion contre l'évêque, prétention de porter l'étole, etc. ; suivi d'une sentence d'excommunication, datée du 15 mars 1669. — 10 p. in-4°.

B. d'Aubin Normand.

49. Statuts et règlements des manufactures de la ville d'Abbeville. — J. Musnier, 21 p. in-4°.

B. de M. Caumartin.

50. Statuts, ordonnances et règlements pour les longueurs, largeurs et qualitez des draps, sarges et autres estoffes de laine et de fil, que Sa Majesté veut estre distribuez et observez par tous les marchands du royaume. — A Amiens, par Jean Mvsnier, imprimeur ordinaire de la ville, vis-à-vis la rue St.-Remy, près du Beau-Puy, avec permission et deffences à tovs avtres. 11 pages in-4° ; à la fin les armes de la ville.

B. de M. Caumartin.

51. L'aimable mère de Jésus, trad. par le P. d'Obeilh.— A Amiens, Vᵉ Robert Hubault, 1671, petit in-12.

Ce livre est sorti des presses de Daniel Elzevir, qui a emprunté le nom de la veuve Hubault, ainsi que le constate une sentence du 2 octobre 1671, portant confiscation de cet ouvrage, dont les exemplaires furent transportés à la chambre syndicale et vendus. Voir page 79.

52. Lettres patentes ou règlements sur les revenus du Parnasse, en faveur des conquêtes de l'invincible Louis XIV (par le R. P. S. R.

F.); pièce mêlée de vers et de prose. — Amiens, 1672, Vᵉ R. Hubault.

B. d'Amiens.

53. Nouveau testament (dit de Mons.) — Amiens, 2 vol. in-12.

Condamné par l'évêque, Mᵍʳ Feydeau de Brou, en 1673, au moment même où cet ouvrage était encore sous presse.

54. Almanach spirituel.— Guislain Lebel.— *Indiqué par le P. Daire.*

55. Victoria Virgo (col. Jes.) — 1675, Vᵉ R. Hubault.

56. Missale Ambianensi. Ambiani, sumptibus viduæ Rob. Hubault, 1675, petit in-f°.

B. de l'abbé Rose.

57. Syntaxe française pour l'usage des écoliers des colléges de la compagnie de Jésus, par un père de la compagnie. — Amiens, 1677, G. Le Bel, in-8°.

B. d'Amiens.

58. Abrégé des merveilles de Nostre-Dame de Foy. 66 p. contenant la relation des guérisons miraculeuses. — La foy de la Sainte-Vierge couronnée. — A Amiens, chez la veuve de Robert Hubault, rue du Beau-Puits, avec approbation. Le tout en un vol. in-18, vignette.

59. Pratique de l'amour de Dieu, pour toutes sortes de personnes, selon les trois états de la vie spirituelle. — G. Le Bel, imp. et lib. ord. du Roy, 1680, in-18, avec app. signée Grandin, et permis d'imprimer, signé De la Reynie.

B. d'Aubin Normand.

60. Oraison funèbre de Mᵐᵉ Suzanne Desfriches de Brasseuse, abbesse de N.-D. du Paraclit d'Amiens, prononcée dans l'église de son abbaye, par le R. P. de Ponssemothe de Lestoille. — Guislain Lebel, 1681.

61. La fable victorieuse de la vérité, ballet dansé à Amiens le 19 août 1682. — Amiens, 1682, Vᵉ Robert Hubault.

B. d'Amiens.

62. Breviarium Ambianense author. Francisci Faure amb. episcopi ac ejusdem ecclesiæ capituli cons. nov. reformatum. — Ambiani, viduæ Rob. Hubault, prope sanctum Martinum, 1682, 4 v. in-12, lettres rouges et noires.

B. de l'abbé Rose.

63. L'atlas des temps, divisé en 4 livres : la période de Louis-le-Grand ; la nouvelle méthode chronologique ; la chronologie sacrée, et la chronologie nouvelle des années de grâce. Par le R. P., seigneur de la Motte. — Amiens, 1683, Guilain Le Bel, in-f°.

> Bibliothèque de M. Bazot, dont l'exemplaire comprend les réponses aux difficultés proposées contre l'Atlas des temps, imp. à Paris par L. Sevestre en 1684, in-f°. Cette réponse porte une pagination qui fait suite à celle de l'Atlas, de manière à pouvoir y être jointe. Il existe une 2me édit. de cet atlas, par le R. P. Jean Louis d'Amiens, prédicateur capucin.— Amiens-Paris, 1685, N. et J. Le Gras, in-f°. C'est la même édition avec un nouveau titre.
>
> Cet ouvrage a été, dans son temps, vivement critiqué sous le rapport de l'exactitude. La Sorbonne et d'autres approbateurs ont soutenu que ce livre était « un véritable trésor astronomique, géographique et chronologique de toutes les histoires divines et profanes. »

64. Histoire de l'ordre sacré, royal et militaire de Notre-Dame de la Mercy, rédemption des captifs, dédiée au Roy ; composée par les révérends Pères de la Mercy, congrégation de Paris. — A Amiens, chez Guislain Le Bel, imprimeur et libraire ordinaire du Roy et du collége des RR. PP. Jésuites, vis-à-vis le mesme collége, au Pilon d'or, MDCLXXXV, avec approbation et privilége du Roy ; frontispice gravé et signé : F. Erlinger fecit, 1684. v ff. 998 pages et XIV ff. pour la table. Magnifique impression.

B. de M. de Beauvillé.

65. Arrest du Conseil d'Estat sur le fait des manufactures et teintures, etc. — G. Le Bel, 1684.

66. Celsus, tragédie, 4 mai 1685. — Amiens, 1685, Le Bel.

B. d'Amiens.

67. Coutumes tant générales de la sénéchaussée et comté de Ponthieu, que locales et particulières de la ville et banlieue d'Abbeville, etc. (Par Gosset). — Amiens, Ve Robert Hubault, 1685, 6 et 222 p. in-24.

68. Rituel du diocèse d'Amiens.... François Faure, évesque d'Amiens. — A Amiens, chez la veuve de Robert Hubault, impr.

de Mgr l'évêque, rue du Beau-Puits, proche St.-Martin, 1687, in-4°.

B. de l'abbé Rose.

69. Arrêt pour la liquidation des dettes de l'Hôtel-de-Ville. 26 septembre 1687. — G. Lebel.

70. Lettre d'un ecclésiastique d'Amiens à Mgr l'évêque de...., au sujet de la mission faite par les capucins dans la ville d'Amiens, en novembre et décembre 1686. 30 p. in-4°, par F. A. E.— 1687, Ve R. Hubault.

> Pendant cette mission célèbre toute la population semble s'être convertie, même la garnison, ce qui fait dire à l'auteur de la lettre que si les femmes n'étaient pas dans une longue et immémoriale possession d'être le sexe dévôt, les hommes d'Amiens seraient capables d'acquérir ce beau titre en faveur du leur.

71. Acte d'appel interjetté au futur concile (au sujet des libertés de l'église gallicane). — A Amiens, Guislain Le Bel, imp. et libr. ordin. du Roy, au *pilon d'or*, 1688, 4 p. in-4°.

72. Pseaumes graduels et pénitentiaux. — Ve Robert Hubault, in-18.

B. de M. Guerard.

73. L'association, ou la bonne mort, sous la protection des saints Anges gardiens, par le R. P. Coret, 26me édition. — G. Le Bel, au *pilon d'or*.

B. d'Aubin Normand.

74. La boëte de Pandor, ou la curiosité punie, tragi-comédie représentée par les seconds sur le théâtre du collége des Pères de la compagnie de Jésus (à Amiens, le 16 février 1689). — G. Lebel.

B. d'Amiens.

75. Le chasseur guerrier, drame comique, février 1689.— Amiens, 1689, Le Bel.

B. d'Amiens.

76. Règlement du feu roi Louis XIII, sur la convocation du ban et arrière-ban, ordonnez estre faits ès-années 1635 et 1639. — Amiens, 1689, Ve Rob. Hubault.

B. d'Amiens. Pièce 8, n° 2706.

77. Prières ordonnées par MM. les grands Vicaires du Chapitre d'Amiens ; le siége épiscopal vacant.— Vᵉ Robert Hubault, 1691, 34 pages in-18, avec app. des vicaires généraux.

B. d'Aubin Normand.

78. Explication du feu d'artifice dressé dans la Grande-Place, par l'ordre de MM. les premier et eschevins de la ville d'Amiens, pour la réduction de Mons. — 1691, Vᵉ R. Hubault.

79. Oraison funèbre de Marie-Thérèse d'Autriche, prononcée le 20 septembre 1683 dans la cathédrale d'Amiens, par le P. de Ponssemothe de Lestoille, chanoine et abbé de St.-Acheul d'Amiens. — G. Lebel.

80. Mémoire (1ᵉʳ et 2ᵉ) instructif, pour Jean Garçon, petit bedeau de la nation de Picardie, contre Antoine Laurent, procureur, et Richard de Forceville, questeur de la même nation. — 10 pages in-4°.

B. de M. Caumartin.

81. Instructions chrétiennes pour la jeunesse. — Amiens, G. Le Bel, 1691, in-18.

82. Bérénice, tragædia dabitur in colleg. Ambian. die 13 feb. 1692. — Ambiani, 1692, G. Lebel.

83. Le carnaval, ballet dansé à la tragédie de Bérénice au collége d'Amiens. — Amiens, 1692, Vᵉ R. Hubault.

B. d'Amiens.

84. Copie d'une lettre d'un capitaine de cavalerie, écrite du camp de Landen le 30 juillet 1693, au sujet de la victoire remportée par le maréchal de Luxembourg. — Amiens, 1693, G. Le Bel.

B. d'Amiens.

85. Solatium camænæ, Ambianensis, pia, varietate de linitum.— Ambiani apud viduam Roberti Hubault, 1695, in-8° de 120 pages (par Louis Caustier).

> Cet ouvrage renferme des hymnes sur les saints évêques, les martyrs, les confesseurs, les vierges des environs, etc., et une description de la ville d'Amiens, dédiée au maire, M. du Cardonnoy.

9.

M. Maréchal qui, selon le P. Daire, était connu dans le genre anacréontique, a imité en français les vers de Caustier sur les amusements d'alors de la jeunesse d'Amiens.

> Dans le plus galant appareil,
> Mais brillant chacun de ses charmes,
> Les deux sexes, en foule, au coucher du soleil,
> De l'amour, à l'envi, vont essayer les armes.
> D'un pas tranquille et doux on se promène en paix ;
> Les regards languissants, les entretiens secrets,
> Tout dispose les cœurs aux plus tendres alarmes.
> Parfois on paraît fuir pour se voir de plus près ;
> On se quitte, on s'assemble, et la jeune bergère,
> Qu'émeut l'écho lointain d'une chanson légère,
> Du côté du chanteur porte ses yeux distraits.
> O vous, d'Amiens, filles touchantes !
> Qui peut voir vos appas sans former un désir ?
> Parmi vous les bergers choisissent leurs amantes,
> Et toujours sur vos pas naît la fleur du plaisir...
> On trouve chez vous les nymphes de la fable,
> O fortunés Amiénois !
> Votre ville en tout temps fut la patrie aimable
> Des grâces, dont les Grecs ne connaissaient que trois.

86. Le faux savant (par le P. de Croixmarre). — Amiens, 1697, Caron Hubault.

B. d'Amiens.

87. Lettre à un curieux sur des anciens tombeaux, découverts le 10 janvier 1697 sous le grand autel d'une église d'Amiens (la cathédrale). — Petit in-4°, s. n. n. l.

On présume que cette lettre a été imprimée à Amiens. Son auteur est le P. Pierre Ponssemothe de Lestoille, abbé de St.-Acheul, lequel prétendait que les reliques de saint Firmin le Confesseur, 3ᵉ évêque d'Amiens, existaient dans son abbaye, et non dans l'église cathédrale de cette ville. Les débats qui sont nés à l'occasion de cette prétention ont vivement troublé la tranquillité du clergé. Les évêques Feydeau de Brou et Sabatier ont victorieusement soutenu la tradition en faveur de l'église d'Amiens. Voici la liste des écrits qui ont paru à cette occasion, imprimés à Amiens, ou ailleurs ; cette lettre a été condamnée par Mᵍʳ de Brou et supprimée par arrêt du Conseil d'État.

1699. Dissertation sur le lieu où repose le corps de saint Firmin confès., évêque d'Amiens. — S. n. n. l.

Cet ouvrage paraît avoir eu pour auteur Thiers, célèbre critique de l'époque. Decourt, dans son manuscrit, p. 906, en attribue la paternité à l'abbé de St.-Acheul; mais cette opinion ne semble pas justifiée. Ce livre fut saisi en vertu d'un arrêt du Conseil d'État, du 27 avril 1699.

1711. Dissertation sur la translation du corps de saint Firmin, etc. (Par le chanoine de Lestocq).— Chez Ch. Caron-Hubault.

1712. L'ombre de M. Thiers, (par l'abbé de St.-Acheul). — S. n. n. l.

1714. Justification de la translation, par de Lestocq. — Chez Caron-Hubault.

1715. Remarques contre cette justification (par l'abbé). — S. n. n. l.

1715. Lettres sur ces remarques, par de Lestocq.— Chez Caron-Hubault.

1715. Lettre à M..., sur un article du *journal de savants*, du 8 avril 1715, — attribué à M. Thiers, — par de Lestocq. — Caron-Hubault, 12 p. in-4°.

1715. Mandement qui ordonne la fermeture du caveau de St-Acheul et qui condamne la vie de saint Firmin, par Baillet. — Ch. Caron-Hubault.

1715. Procès-verbal d'ouverture de la châsse de saint Firmin, 11 p. in-4°.— Caron-Hubault.

1716. Mémoire pour l'abbé, contre Mgr Sabatier, — attribué à M. Thiers.—S. l.

1716. Mémoire pour l'évêque, contre l'abbé, suivi de l'arrêt du Parlement, qui déclare n'y avoir abus. (4 février).

Cette pièce clot la liste de toutes celles qui ont paru pendant ces 20 ans de disputes.

88. Nobiliaire de Picardie, généralité d'Amiens (contenant l'extrait des titres et des généalogies produits devant M. Bignon et M. de Bernage, son successeur, intendants de cette généralité, avec les jugements par eux rendus, en exécution de la déclaration du mois de septembre 1696.) — S. l. n. d., gr. in-f°.

Ce nobiliaire a été établi par les soins de Nicolas de *Villers de Rousseville* et non *Villiers*, comme certains bibliographes l'ont

écrit à tort ; il a été imprimé sur des feuilles séparées et non pa-
ginées, en tête desquels se trouvent indiquées les places des
blasons. M. Brunet pense que ce nobiliaire a été imprimé à
Amiens. Cette opinion ne paraît pas parfaitement fondée, mais
rien, non plus, ne prouve positivement le contraire ; à défaut de
cette preuve on peut donc encore admettre ce nobiliaire parmi
les productions de l'imprimerie locale. On pourrait peut-être,
avec plus de certitude, supposer que le savant bibliographe
Brunet a pu se tromper en assignant à ce livre comme dates
d'impressions les années 1708 à 1717, si, comme il faut le penser,
ces dates sont basées sur le fait probable que le nobiliaire a été
livré à l'imprimeur au fur et à mesure que les généalogies étaient
vérifiées et arrêtées par les intendants qui en étaient chargés.
Or, les premiers feuillets généalogiques ayant été définitivement
établis dès 1697, il est bien permis de présumer que l'on n'a pas
attendu jusqu'à 1708 pour les mettre sous presse, si des motifs
particuliers ne sont pas cause de ce retard.

Ce nobiliaire a été imprimé aux frais des familles, et les exemplaires sont plus ou moins complets ; le nombre de feuilles varie
de 427 à 456 ; l'exemplaire de la biblioth. communale d'Amiens
est sans titre ; il contient 451 feuilles, commence à la généalogie
d'Aboval et finit à celle de Yver ; à la suite est une grande feuille
pliée contenant la chronologie des seigneurs et châtelains de
Famechon-sous-Poix, avec leurs blasons gravés en noir, y compris celui de Nicolas de Villers, qui possédait cette seigneurie.

L'exemplaire de l'intendant Bignon se trouve à Paris, à la Bibliothèque impériale ; il est sur vélin et composé de 456 feuilles.

Quelques exemplaires renferment des blasons coloriés, et
d'autres des blasons gravés en noir, sur une seule feuille.

Ce nobiliaire est extrêmement rare et se vend cher : un exemplaire de 451 feuilles sur papier a été adjugé à Douai, à la vente
Bigant, pour 605 fr.; un autre de 356 feuilles seulement, a atteint
356 fr. à la vente Givenchy.

L'exemplaire appartenant à M. de Caumartin, et dont il est
parlé plus haut, à la page 43, contient en plus de ceux ci-dessus
mentionnés : une chronologie, avec blasons coloriés des maïeurs
et échevins d'Amiens ; les blasons des familles mentionnées au
nobiliaire, et la chronologie des seigneurs et châtelains de Fa-
mechon, gravée et blasonnée par Chevillart vers 1720.

89. Tite, tragédie représentée sur le théâtre du collége d'Amiens (par le P. Orry.) — Amiens , 1697, N. Caron-Hubault.

B. d'Amiens.

90. Statuts synodaux , publiés aux synodes tenus dans l'église abbatiale de Corbie jusqu'en 1697, avec cérémonies du synode et des visites. — Amiens, Caron , in-12, 1697.

91. Oratio funebris rever. — Ambiani , 1697, N. Caron-Hubault.

B. d'Amiens.

92. Projet de paix délivré par les ambassadeurs plénipotentiaires de France au baron de Lilienroot, ambassadeur plénipotentiaire et médiateur de Suède, à la Haye , le 20 juillet 1697.— Amiens , G. Lebel , 1697.

B. d'Amiens.

93. Le triomphe des beaux-arts pendant la paix , ballet dansé à la tragédie de Flavius (par le P. de Croixmarre.)— Amiens, 1698, G. Le Bel.

B. d'Amiens.

94. Ode latine à la louange de saint Firmin, martyr, premier évêque d'Amiens, etc., par Jean Baron. — Hist. litt. du P. Daire , p. 276.

> Ces deux dernières pièces sont dédiées à Firmin Ducroquet, conseiller au bailliage , subdélégué de l'intendance.

95. Drame spirituel, entremêlé d'entr'actes , qui sera représenté sur le théâtre du collége de la communauté de Saveuse. (Par le curé de Saveuse.) — Amiens , 1700, Le Bel.

96. Conférences ecclésiastiques du diocèse d'Amiens sur les cas réservez. — A Amiens , de l'imp. de Nicolas Caron-Hubault , imprimeur de Mgr l'évêque, rue du Beau-Puits , proche St.-Martin , 1700 à 1702, in-4°. (Par le chanoine Masclef et autres.)

B. de M. Rose, curé de Tilloy.

97. Prières pour le jubilé. — Amiens, Nicolas Caron-Hubault , 1701, in-16.

98. La réjouissance de la France à l'avènement de Philippe V à la couronne d'Espagne , ballet dansé dans la tragédie de St-Quentin, martyr. — G. Le Bel.

99. Oraison funèbre de Mme Marguerite de Beaujeu, abbesse de Fervaques de St.-Quentin, prononcée dans l'église de la même abbaye le 28 juillet 1701, par D. Michel Gourdin. — Nic. Caron-Hubault, 1701.

100. Résultat des conférences ecclésiastiques du diocèse. — Charles Caron-Hubault.

> En 1706 et 1707 une 2e édition a été publiée.

101. Lettres patentes de Louis XIV, portant approbation des statuts en 20 articles pour les maîtres peintres, sculpteurs, brodeurs, doreurs et enlumineurs de la ville d'Amiens. — In-4°. Archives Impériales, section administrative, f. 2162.

> Un arrêt du Parlement, du 19 juin 1700, privait les maire et échevins d'Amiens du droit de donner des statuts aux corps et communautés d'arts et métiers.

102. Edit du Roy pour l'établissement d'une loterie royale, donné à Versailles au mois de juillet 1704 ; registré en parlement. — Guislain Lebel, imp. du Roy, proche le Collége. 12 p. in-4°.

103. Oraison funèbre d'Éléonore de Matignon, abbesse du Paraclit. — Ch. Caron-Hubault.

104. Statuts et règlements des manufactures de la ville d'Abbeville. Amiens, Caron Hubault, 1708, in-4°.

105. Novi despautery pars prima et secunda Latino-Gallica ad usum Scholast. coll. Ambianensis Soc. Jesu. — J. B. Morgan, imp. du Roy et du Collége, 1712, 2 vol. in-12.

106. Statuts et règlements des marchands merciers, grossiers, jouailliers de la ville d'Amiens. — Ch. Caron-Hubault, 24 p. in-4°. A la fin : achevé d'imprimer le 25 juillet 1712, estant en charge Jacques Lorel, Jacques Langevin, Pierre Dangla, Jean-Pierre Coignart, gardes.

107. Novi Despautery pars prima. Latino-Gallica, ad usum Scholasticorum collegii Ambianensis societat. Jesu. — Ambiani, apud J. B. Morgan, regis collegii typographum, 1714, in-12.

B. de M. Rose, curé de Tilloy.

108. Instruction pastorale de Mgr l'évêque d'Amiens, sur la comédie. — 9 p. in-4°.

109. Livre d'église à l'usage des laïcs du diocèse d'Amiens. — Amiens, Charles Caron-Hubault, rue du Beau-Putis, 1714, 2 v. in-12, fig.

> C'est un des premiers livres d'église imprimés par Charles Caron, en vertu du privilége qu'il avait comme cessionnaire de la ve Robert Hubault.

110. Confirmation des statuts pour les chaircuitiers d'Amiens. — S. n. n. l. n. d. (Caron), 12 p. in-4°. A la fin : obtenu et imprimé par les soins de Pierre Delattre, syndic, Firmin Le Roy, Pierre Marinville, Claude Costel, gardes de la communauté.

B. de M. Caumartin.

111. Statuts synodaux du diocèse d'Amiens. — Ch. Caron-Hubault, 60 p. in-8°.

B. de M. Caumartin.

112. Ordonnance de Mgr l'évêque d'Amiens, qui défend certaines mascarades, sous peine d'excommunication. — 4 p. in-4°. S. l.

113. Statuts, règlements et ordonnances des menuisiers de la ville, faubourgs et ban-lieue d'Amiens. — Charles Caron-Hubault, 1718, in-4°, 14 p.

114. Statuts et règlements pour les saiteurs, hautelisseurs, houpiers, foulons et autres ouvriers qui font partie de la manufacture de la ville d'Amiens. — Ch. Caron-Hubault, 1721, 55 p. in-4°.

115. Oraison funèbre de Mme Claudine Le Vergeur de St.-Souplet, abbesse de Notre-Dame du Paraclet d'Amiens, prononcée le 6 février, par un religieux de l'ordre de St.-Dominique. (Par Gédéon Coupey). — Ve Morgan, 1721, in-4°.

116. Arrest du Conseil à l'occasion des fermiers qui jouissent sans baux. Généralité d'Amiens. — L. Godart, 1724.

117. Extrait des édits concernant les fabrications des espèces d'or et d'argent, depuis l'édit de 1640 jusqu'en 1727, avec les empreintes de chacune des dites espèces. 37 p. in-4°. — Ve J.-B.

Morgan, imp. du Roi, avec permission de l'intendant, M. de Chauvelin.

B. de M. Caumartin.

118. Relation des réjouissances faites dans la ville d'Amiens, pour l'heureuse naissance de Mons. le Dauphin, les 4, 24 et 25 septemb. 1729. — Caron-Hubault, in-4°.

119. Le directeur dans les voies du salut. — Caron, in-12.

120. Recherches curieuses des principales cérémonies de l'hôtel-de-ville d'Amiens. — Charles Caron-Hubault, in-4°, très-rare.

B. Dusevel et B. communale.

121. La dévotion à saint Joseph. — Louis Godart, in-12.

122. Indulgences octroyées par N. S. P. le pape aux confrères, maîtres et maîtresses de la confrérie de Notre-Dame du Puy, érigée en l'église cathédrale d'Amiens. — Amiens, chez Louis Godart, imprimeur du Roi et du Collége, rue du Beau-Puits, à la *Bible d'or*, 1731.

B. de l'abbé Martin.

123. Paroles du concert d'Amiens, du..... — A Amiens, chez Louis Godart, imprimeur du Roy, rue du Beau-Puits. S. d., in-12.

B. Guerard.

124. Planctus ecclesiæ Ambianensis in ob dormitione D. Sabbatier, Ambianensium episcopi. Par Dinouart, desservant de la chapelle St.-Honoré. — Caron-Hubault, 1733.

C'est le premier ouvrage de cet auteur savant et fécond, lequel fut obligé de quitter le diocèse à la suite de quelques tracas qui lui furent en partie causés par la publication faite en 1749 d'une brochure intitulée *le Triomphe du sexe*, dans laquelle Dinouart cherche à placer les femmes sur le pied de l'égalité avec les hommes.

L'abbé Dinouart eût à Paris des succès littéraires. Il a été le fondateur du *Journal ecclésiastique*, au mois d'octobre 1760, dont Barbou était l'imprimeur. Il est aussi l'auteur d'hymnes et de poésies latines. Quatre vers composés par lui, à l'occasion des fleurs d'un jardin, ont été ainsi imités par M. Maréchal :

Chaque fleur de ce lieu cache une nymphe aimable;
Sur leur sein virginal, à leurs chastes appas,
Garde-toi de porter un doigt coupable ;
Caresse-les des yeux, mais ne les touche pas.

125. Règlement pour les marchands en gros de la ville d'Amiens.—
Ch. Caron-Hubault, 1733, in-4°.

B. Guerard.

126. Lettre contenant un récit abrégé de la vie sainte et de la mort
édifiante du R. P. Mgr Pierre de Sabatier, évêque d'Amiens, décédé à Amiens le 20 janvier 1733. — Caron, petit in-4°, br.

127. Révélations cabalistiques d'une médecine universelle tirée du
vin, avec une manière d'extraire le sel de rosée, et une dissertation sur les lampes sépulchrales, par le sieur Gosset, médecin
d'Amiens.—A Amiens, aux dépens de l'auteur, s. n. 1735, in-12
de 215 pages, compris la préface, et 3 p. n. chif. pour les tables.

Il se trouve des exempl. de ce livre rare avec un autre titre
portant : à Utrecht, chez G. Vende-Water et Jean Van Poolsum,
1735, à la sphère.

L'exempl. ci-dessus décrit contient les deux titres.

B. de M. Douchet.

M. Leriche possède, dans son cabinet, un bel exemplaire du
même ouvrage portant le nom de Louis Godart, imprimeur à
Amiens, et la date de 1735.

Gosset est originaire de Doullens. Il préconisait certains re-
mèdes universels appelés : *Esprit de vin éthéré philosophique ;
Circulé de Paracelse*, et autres, de science *cabalistique*. Il prétendait avoir trouvé un spécifique pour la gangrène. Louis XIV, en
ayant été informé, avait fait demander, pendant sa dernière ma-
ladie, Gosset par un exprès ; mais, lorsque ce médecin arriva à
Versailles, il était trop tard, le Grand Roi n'était plus! « Cette
fâcheuse circonstance, dit Gosset, de n'avoir pu y être plus tôt,
pour soulager Sa Majesté, ne doit rien diminuer de la bonté du
remède, dont la cour m'a ordonné sept cents livres pour mon
voyage. »

Le fait peu connu du voyage de Gosset, a sa valeur historique
et prouve que le royal malade ne négligeait aucun remède, même

ceux que Gosset aurait pu lui indiquer, et que l'Académie de médecine n'aurait certainement pas approuvés.

128. Ordonnance de Louis XV concernant les testaments. — Chez
Louis Godart, imprimeur du roi, rue du Beau-Puits, à la Bible
d'or, in-4° (1736).

129. Heures nouvelles d'Amiens. — Caron, in-18.

Cat. Chauvelin.

130. L'office de saint Louis, Roy de France et confesseur, à l'usage
des marchands merciers, grossiers, jouailliers de la ville d'Amiens.
— Ch. Caron-Hubault, 1737, in-18.

131. Coutumes de la ville et prévoté de Doullens, in-f°. — Amiens,
Louis Godart, 1738.

B. de M. Dusevel.

132. Arrêt qui assujettit les ecclésiastiques et officiers du Bureau
des finances d'Amiens au paiement du droit d'octroi. — Caron-
Hubault, 1738.

133. L'Emporté, drame latin représenté par les rhétoriciens du
coll. d'Amiens. — L. Godart.

134. Inventaire des livres de la succession de M. de Bacq, curé de
St.-Martin. — A Amiens, chez Antoine Redé, m^d libraire, rue
du Beau-Puits, s. d.

> Ce catalogue est composé de 8 p. in-4°; les livres y sont classés
> selon leur format, avec une indication sommaire des titres seule-
> ment.

135. Ordos du Diocèse d'Amiens.

> Cette collection commence en..... et a été imprimé par les Caron
> et autres imp. successifs de l'évêché.

136. Statuts, ordonnances et priviléges des syndics, jurés, bache-
liers et maistres serruriers de la ville, faubourgs et banlieue
d'Amiens. — Ch. Caron-Hubault, 24 p. in-4°.

137. Abrégé des particules contenant ce qui est de plus difficile et
de plus nécessaire pour composer correctement en latin, nouvelle
édition à l'usage du collége d'Amiens. — V° Godart, imp. du Roi
et du collége, rue du Beau-Puits, 1742, in-18.

138. Statuts et règlements des maîtres peintres, enlumineurs, sculpteurs et brodeurs de la ville d'Amiens. — Ch. Caron-Hubault, 12 p. in-4°, registré à la requête de Nicolas Musset, maître peintre et sculpteur.

B. de M. Caumartin.

Les gardes, jurés et maistres étaient à cette époque : Duporge, Jean de Rincheval, J. Musset, Jean Sellier, Hergosse, Louis Dupuis, L. Quillet, Debourge, Pierre Clabault, Nicolas Andrieux, Charles Quillet, Sébastien Quillet, Gontier, Antoine Quillet, Egard.

Cette pièce indique que les premiers statuts de cette communauté, enregistrés à l'hôtel-de-ville d'Amiens, remontent à l'année 1400.

Cette corporation, à l'exemple de tous les corps enseignants, avait pour patron saint Nicolas, dont elle avait érigé la confrérie dans l'église des Cordeliers.

Les verriers avaient été réunis à la même corporation ; il en est fait mention dans les statuts de 1491, existant à l'hôtel-de-ville.

139. Statuts et règlements en faveur des marchands merciers, ciriers, graissiers, épiciers et droguistes de la ville d'Amiens. — Ch. Caron-Hubault, 16 p. in-8°.

B. de M. Caumartin.

140. Statuts, règlements et ordonnances des menuisiers de la ville, faubourgs et banlieue d'Amiens. 16 p. in-4°. — Ve Godart.

141. Le directeur dans les voies du salut sur les principes de saint Charles Borromée, par le révérend Père de Courbeville, de la compagnie de Jésus, ouvrage très-utile à tous les ecclésiastiques chargés de la direction des consciences et approuvé par nos seigneurs les évêques d'Amiens et de Noyon, pour être mis en pratique par les prêtres et autres fidèles de leurs diocèses. Nouvelle édition revue et corrigée. — A Amiens, chez la veuve Godart, imprim. du Roi et de Mg^r le duc de Chaulnes, rue du Beau-Puits, M DCC LIII, avec approbation et privilége du Roi.

B. de M. G. Rembault.

142. Statuts et règlements faits et dressés en la communauté des procureurs du bailliage d'Amiens, pour y être gardés et observés. — Amiens, Ve Godart, 1744, in-4°.

Les membres de cette communauté étaient : Jean Monier, Jean Baron, Louis Varlet, L.-Ph. Caron, Pierre Berville, Claude Ropiquet, Jean-Baptiste Despréaux, C.-L. Lecouvreur, Michel Saladin.

143. Statuts pour la communauté des maîtres tailleurs d'habits de la ville d'Amiens. — Vᵉ Ch. Caron-Hubault, vis-à-vis St.-Martin, 1743, in-4°.

B. Dusevel.

144. La vie de saint Jean-Baptiste, précurseur de Jésus-Christ, etc., extrait des œuvres de Bonnefons. — Vᵉ Godart, 24 p. in-18, avec permission d'imprimer signée Galland.

145. Philedonus, drame comique. — Vᵉ Godart, 1744.

146. La bataille de Fontenoy, poème (par Boussingault d'Amiens). 8 p. in-4°. — Vᵉ Charles Caron, avec permis d'imprimer, signé Galand.

B. de M. Caumartin.

147. Règlemens des 40 de la Société de musique établie en la ville d'Amiens, au mois d'août 1743. — Vᵉ Ch. Caron. Permission de l'intendant du Procureur du Roy, et de 9 membres de la Société.

En 1755 cette société de musique, composée de personnes de l'un et de l'autre sexe, donnait des concerts qui avaient la réputation d'être cités parmi les meilleurs du royaume. Les assemblées publiques se tenaient rue des Trois-Cailloux, dans une salle bâtie à cet effet, décorée de quatre lustres magnifiques, dûs à la libéralité de l'intendant Daligre. Ces concerts avaient lieu tous les quinze jours, le jeudi.

B. de M. Caumartin.

148. Breviarium sanctæ Ambianis ecclesiæ, publié par Mgʳ De la Motte. — Vᵉ Ch. Caron-Hubault, 4 vol. in-12, avec front. gravé par Cochin.

149. Mémoire pour la communauté des marchands de vins de la ville d'Abbeville, contre la communauté des marchands merciers de la même ville. — Vᵉ Godart, 1747, in-f°.

150. Supplementum processionalis justa ritum, sanctæ ecclesiæ cathedralis Ambianensis. Ambiani. Apud viduam Caroli Caron-Hubault, typographi venerabili capituli ejusdem ecclesiæ Ambianensis M. D. CC XLVIII, in-8°.

151. Lettres-patentes en forme de statuts pour toutes les communautez des maîtres barbiers, perruquiers, baigneurs et étuvistes. — Vᵉ Caron-Hubault.

B. de M. Caumartin.

152. Mémoire sur l'établissement des fontaines publiques dans la ville d'Amiens, par le P. Fery, prêtre religieux minime, professeur de l'école de mathématiques, etc. — 1749, Vᵉ Caron-Hubault, in-4°.

153. Epithalame sur le mariage de Mˡˡᵉ Chauvelin, mis en musique par Joliez. — Vᵉ Godart, 3 p. in-8°.

B. de M. Caumartin.

154. Missæ defunctorum ex missali Ambianensi desumptæ. Ambiani, Caron-Hubault, in-f°, 1749.

155. Essai sur la nécessité et sur les moyens d'établir des fontaines dans la ville d'Amiens (par de Sachy de Carouge, trésorier de France), 12 p. in-4°, s. n. n. l. — Vᵉ Ch. Caron-Hubault.

B. de M. Caumartin.

Une note manuscrite sur le titre indique que ce projet a été débité le 13 juin 1749, pour contrecarer l'adjudication qui devait se faire le 19 du même mois.

156. Statuts et règlements de marchands réunis de la ville d'Amiens. — Vᵉ Charles Caron-Hubault, 1758, in-4°.

B. de l'abbé Corblet.

157. Statuts de la communauté réunie des maîtres tailleurs d'habits et fripiers-viésiers de la ville d'Amiens. — Vᵉ Godart, 1750, 16 p. in-4°.

158. Vérités du christianisme, par l'abbé D. C. — Godart, 1751, in-18.

159. Heures de la journée chrétienne où sont enseignées les voies du salut, imp. par ordre de Mgʳ l'évêque à l'usage de son diocèse. — Vᵉ Charles Caron-Hubault, 1751, in-12.

B. Guerard.

160. Lettres-patentes et règlements de l'Académie des sciences, belles-lettres et arts d'Amiens.—Amiens, Vᵉ Godart, 1751, in-12.

L'Académie d'Amiens a été créée en 1750, en vertu des lettres-patentes de Louis XV, données à Compiègne ; emportée par la révolution, elle fut rétablie en l'an XI avec le concours des membres de la société libre d'agriculture de la Somme, qui avait été établie par un arrêté de l'administration centrale, du 7 pluviose an VII.

161. Placet au roi en faveur de la capitale de la Picardie, **1751**, par un anonyme.

Le P. Daire, qui parle de ce placet dans son histoire littéraire, l'attribue à un auteur amiénois, mais mauvais patriote, et pour preuve il cite les vers suivants, extraits de ce placet, dans lequel Amiens est mis en parallèle avec Rome :

> Grands, superbes en apparence,
> Mais sobres souvent à l'excès,
> En étalant leur opulence,
> Les Romains vivaient de navets.
> Tel sent l'ambre et la bergamotte,
> Et porte velours parmi nous,
> Qui dînera d'une carote,
> Et soupera d'un plat de choux.

Rien n'échappe, dit le P. Daire, à la critique mordante de cet auteur, qui n'épargne même pas l'Académie.

Cet écrit est assurément très-rare et nous ignorons s'il a été imprimé à Amiens, mais ce que chacun sait, c'est que le régime alimentaire s'est, depuis lors, sensiblement amélioré, malgré la cherté des vivres, et qu'une pareille critique deviendrait de nos jours d'une application de plus en plus difficile [1].

162. Édit du Roy sur l'établissement des échevins, justice et police de la ville d'Amiens. L. n. n. l. en **1597**. — Caron, 24 p. in-4°.

B. de M. Caumartin.

163. Mémoire pour les maire, échevins et commune de la ville et

---

[1] Un autre auteur amiénois dont les œuvres sont encore manuscrites donnait, vers 1755, à ses compatriotes, une recette pour éviter le chagrin, laquelle consistait à faire bon feu, bonne chère, et à se donner toutes ses aises. Il aurait bien dû fournir aussi à chacun les moyens d'avoir cette existence agréable.

banlieue de Doullens, contre le procureur général du Roi et contre les présidents trésoriers de France de la généralité d'Amiens. (Droit de voirie.) — 1751, Ve Godart.

164. Mémoire sur l'établissement d'une blanchirie de pipes dans la ville d'Amiens, par le sieur de Richesource. — A Amiens, chez Pierre Desœuvré, m^d libraire, rue Passe-Temps, au Passe-Volant, 25 ff. in-4°.

> Cette pièce a-t-elle été réellement imprimée?

165. Ordonnance pour les fermiers des carosses et messageries contre les rouliers, voituriers, etc. — Ve Caron, 1752.

166. Missale sanctæ Ambianensis ecclesiæ (publié par Mg^r de la Motte). — Ve Charles Caron-Hubault, in-f°, fig. de Noblin.

> Très-belle exécution typographique.

167. Dissertation sur l'étendue du Belgium et sur l'ancienne Picardie, par l'abbé Carlier. — Amiens, Ve Godart, 1753, in-12.

> **B. Dusevel.**
>
> Vendu 18 fr. à la vente Gilbert.

168. Relation de ce qui s'est passé à l'entrée de très-haut et très-puissant seigneur M. le duc de Chaulnes, gouverneur général de Picardie. — Ve Caron-Hubault, 1753, in-4°.

169. Essai de poésies sur l'entrée de Mg^r le duc de Chaulnes (par Montaigu). — V^e Ch. Caron-Hubault, 1753.

170. Les maux de la guerre, à Mg^r le prince de Condé (par Boussingault d'Amiens). — Ve Caron, 11 p. in-4°.

171. Ode à Mg^r le duc de Chaulnes, sur son entrée en la ville d'Amiens, en qualité de gouverneur général de la Picardie (par le P. Daire). — Ve Charles Caron, 7 p. in-4°.

172. Ode sur l'entrée de M. le duc de Chaulnes en la ville d'Amiens (par Clergé, prêtre). — Godart, 1753, in-12.

173. Dissertation sur l'ancienne jonction de l'Angleterre à la France, qui a remporté le prix à l'Académie d'Amiens en 1751, par Desmarest. — Ve Godart, 1753, in-12 pl.

174. Mémoire pour la Ve Godart, imprimeur-libraire à Amiens,

contre la Ve Caron, aussi imprimeur-libraire en la même ville (au sujet de la permission accordée à la première, par lettre du grand sceau, d'imprimer, vendre et débiter dés livres d'heures et d'offices, nonobstant le privilége des évêques et de leurs cessionnaires ; malgré cette permission la Ve Caron avait fait saisir l'office de la Semaine-Sainte et l'histoire de l'Ancien et du Nouveau Testament qui avait été imprimée par la Ve Godart.) — 10 p. in-4°, imp. de la Ve Godart.

175. Almanach historique et géographique de la Picardie, pour l'année 1753, où l'on donne une idée générale de la situation, de la division, de l'histoire, des rivières, du terroir, des coutumes, de la noblesse et du commerce de cette province. Avec les particularités les plus intéressantes sur les principales villlës qu'elle renferme, et la plus grande partie des noms des personnes qui y composent l'état ecclésiastique, militaire, civil et littéraire, particulièrement de la ville d'Amiens. Dédié à Mgr le duc de Chaulnes. — A Amiens, chez la veuve Godart, imprimeur du Roi, rue du Beau-Puits, 1753, avec privilége daté de 1751.

L'approbation avait été donnée par le chancelier Germain le 5 novembre 1750. Un avertissement de 3 pages précède le texte. En 1755 ce titre a été modifié ; un nouveau privilége a été obtenu ; il est daté de Fontainebleau, du 14 octobre 1754.

Cet almanach, de format in-24, a éte imprimé par la veuve Godart, née Charlot, jusqu'en 1777, et ensuite par J.-B. Caron fils ou l'aîné jusqu'en 1790. Quelques exemplaires de cette dernière année portent un carton.

La collection complète de ces almanachs intéressants est fort difficile à réunir, (voyez page 61) et les années séparées sont rares. Cet almanach n'a pas paru en 1772, 74 et 75.

176. Préservatif contre l'almanach de Picardie. 6 p. in-18, s. n. n. l. n. d. (vers 1754).

L'auteur de ce libelle, dirigé contre l'*Almanach de Picardie*, qu'il critique vertement et auquel il reproche de nombreuses erreurs, se plaint surtout de ce que l'idée première de cette publication appartenait à tout autre qu'à celui qui en fut l'éditeur — peut-être bien au libelliste lui-même qui n'ose se découvrir pour mieux frapper — et il cherche à démontrer que si cet almanach a pu paraître pour la première fois au mois d'août 1753, c'est qu'il était alors avec les censeurs des accommodements. Le libelle est terminé par cette boutade à l'adresse de l'*Almanach* :

> Sans doute on trouvera, quoique j'en puisse dire,
> Un marchand pour le vendre, et des sots pour le lire.

Le succès de cette publication n'en fut pas moins complet.

176bis. Mémoire lu à l'Académie par M. de Rivery, sur les pétrifications découvertes à Albert.— Amiens, 1754.

177. Catalogue des plantes usuelles du jardin botanique d'Amiens, par le duc de Chaulnes. — Vᵉ Godart, in-12.

178. Heures nouvelles à l'usage de ceux qui fréquentent leur paroisse (précédées d'un calendrier spirituel pour les villes d'Amiens et d'Abbeville, à l'usage des personnes pieuses, indiquant les diverses fêtes patronales, processions, confréries et autres cérémonies habituelles des églises, abbayes, chapelles, monastères et hôpitaux des villes et faubourgs). — Chez la veuve de Ch. Caron-Hubault, imprimeur et libraire, rue et vis-à-vis St.-Martin, M DCC LIV, petit in-12.

B. de M. G. Rembault.

Cette édition est la plus rare de toutes celles qui ont paru ; elle mentionne le privilége accordé par le Roi à Mgʳ de la Motte en 1745, pour l'impression des *Usages* de son diocèse, avec la cession de ce privilége faite à la Vᵉ Charles Caron-Hubault.

Ce livre a été réimprimé en 1758, en 1783 et en 1786, format in-16, avec le titre de *Heures nouvelles ou demi-bréviaire.* Mais ces réimpressions ne comprennent pas le calendrier spirituel pour la ville d'Abbeville. Celui d'Amiens, seul, s'y trouve.

Toutes les éditions de ce livre sont rares.

179. L'office de saint Louis, roy de France et confesseur, à l'usage de MM. les marchands réunis de la ville d'Amiens. — A Amiens, Vᵉ Charles Caron-Hubault, imp.-lib. vis-à-vis St.-Martin, 1754, 48 p. in-18.

B. Douchet.

Rare. Réimprimé en 1755, même format, 69 p.

180. Dissertation sur la tourbe de Picardie, qui a remporté le prix

10.

à l'Académie d'Amiens en 1754 , par M. Bellery. — Vᵉ Godart , in-12.

181. Sentence du lieutenant général de police, maire et eschevins , qui défend l'emploi d'une matière étrangère dite poil de chèvre de l'Amérique dans les étoffes de manufacture de cette ville. 29 avril 1755. — Vᵉ Caron, 1755.

182. Le spectateur picard , janvier 1755. — Non oportere Senatoribus. Sueton , lib. 8. — Au cap de Bonne-Espérance. — Chez L'Hottentot, à l'impartialité, 29 p. petit in-8°, sans nom d'auteur et sans indication du nom de l'imprimeur et du lieu de l'impression.

> Au milieu du titre est un cœur enflammé.
>
> Ce journal se termine en forme de lettre par la formule : J'ai l'honneur, etc., avec le *P. S.* suivant :
>
> « Vous savez sans doute qu'il paraît ici un discours prononcé à
> » l'Académie française par l'aimable chantre du Vert-Vert. On
> » attend quelques réflexions du spectateur picard sur cette pièce
> » d'éloquence. »
>
> Le spectateur, hélas ! n'a pu donner son avis sur le discours de Gresset. Les doctrines anti-religieuses de ce journal et ses faux principes de mœurs , plus encore peut-être que le défaut d'autorisation , ont obligé les magistrats à supprimer cette feuille dès son apparition.
>
> Les traces officielles de cette suppression sont indiquées dans l'*Essai de Bibliographie* de M. Dufour. M. Demarsy en possède la sentence , imprimée en placard.

182ᵇⁱˢ. Almanach historique et géographique d'Artois.— Vᵉ Godart, 1755, in-24.

183. Arrest de la Cour de Parlement contre Robert-François Damiens, par lequel il est déclaré duement atteint et convaincu du crime de parricide par lui commis sur la personne du Roi. — Vᵉ Godart, 8 p. in-4°, avec permis de débiter, par Creton, 1ᵉʳ échevin.

B. de M. Caumartin.

184. Histoire abrégée du Trésor de l'Abbaye royale de Corbie. S. n. n. l. (Caron) 1757, 70 p. in-18, plus une table n. chif. contenant une page. — Très-rare.

185. Édit et déclaration du Roi, 1748 et 1749, concernant la réduction et suppression des offices des procureurs postulants au bailliage et siége présidial d'Amiens, avec la liste des titulaires, etc. — Ve Godart, 1757.

186. Édit du Roi qui ordonne que pendant 6 années il sera payé au Roi un don gratuit par toutes les villes et faubourgs du royaume, parmi lesquelles villes Amiens figure pour 50,000 livres et les autres villes de la généralité pour 95,000 livres ; les bourgs pour 10,150 livres. — Ve Godart, 1758.

187. Prières pour les stations du Jubilé. — Amiens, Ve de Charles Caron-Hubault, imp. de l'évêque, vis-à-vis St.-Martin, 1759, in-12.

B. Guerard.

188. Mémoire instructif pour les curé et marguilliers de la paroisse de St.-Leu, contre Louis-Antoine Delacourt (au sujet du procès intenté par ce dernier pour réparation au presbitère). — Ve Godart, 1760, 24 p. in-4°.

B. d'Aubin Normand.

189. Rudiments nouveaux de la langue latine, 1re et 2me partie, à l'usage des écoles d'Amiens (par l'abbé Vallart). Nouvelle édition. — 1760, Ve Godart, in-12.

190. Estat de la vaisselle portée à la monnaie d'Amiens à compter du 5 novembre 1759 jusque et y compris le 25 janvier 1760, relativement aux lettres-patentes de S. M. — Ve Godart.

Cette liste comprend une quantité considérable d'argenterie dont le poids seulement est indiqué.

Peut-être ces envois aux creusets de la monnaie comprenaient-ils plusieurs de ces belles pièces d'argenterie datant de la Renaissance, si rares et si recherchées aujourd'hui pour le fini de leur travail et leur forme gracieuse et qui étaient alors rejetées comme vieilleries.

191. Almanach historique et géographique d'Artois. — Ve Godart, in-24.

B. d'Aubin Normand.

192. Pièces pour l'Hist. de Picardie, notamment Mémoire justificatif que les maire et échevins d'Amiens ont tenu envers le sieur J.-B.

Morgan, l'un d'eux et leur député à Paris, sous les conditions par
lui promises et avérées à l'effet de leur envoyer quelques profes-
seurs qui leur manquaient pour la tenue du nouveau collége d'A-
miens. — V⁰ Caron, 1763.

193. Ordonnance de l'intendant de Picardie, nomination de collec-
teurs des impositions royales. — 1764, V⁰ Godart.

194. Éloge de Charles Dufresne, seigneur du Cange, avec une
notice de ses ouvrages, discours qui a remporté le prix de l'Académie d'Amiens en 1764. — V⁰ Godart, imp. du Roi et de l'Académie, 1764, in-12, 58 p., suivies d'un catalogue des ouvrages
couronnés à l'Académie, depuis 1751, 2 p. n. chif.

195. Mémoire en projet pour perfectionner la navigation de la ri-
vière de Somme, depuis son embouchure à la Somme, par Jumel
Riquier. — V⁰ Godart, 1765, 22 p. in-4⁰.

196. Histoire civile, ecclésiastique et littéraire de la ville et du
doyenné de Montdidier, avec les pièces justificatives, par le P.
Daire, célestin. — 1765, Caron-Hubault, in-12, pl.

> Vendu 11 fr. à la vente Labourt en 1860 ; se vend ordinairement
> de 8 à 10 fr.

197. Coutumes générales de la sénéchaussée de Ponthieu et celles
locales d'Abbeville, avec les notes de M. Duchesne et quelques
additions par M. Delegorgue, avocat en Parlement et à Abbeville.
— Amiens, V⁰ Godart, 1766, 2 vol. in-12.

198. Arrest du Conseil d'État concernant les offices de gouverneurs
et lieutenants du Roi, créés dans toutes les villes closes du
Royaume, par édit de novembre 1733. V⁰ Godart, 1766, in-4⁰.

199. Mémoire concernant un projet d'émulation de la jeunesse de
l'un et de l'autre sexe, ou journal d'éducation, présenté à l'Académie d'Amiens (par Leroux). — 1767, 16 p. in-4⁰.

200. Mémoire pour les sieurs Dembreville, Moinet, Philippe, Le-
fèvre, Darion, Morvillés et Coupelon, maistres écrivains deman-
deurs, et pour les maistres d'écoles contre les Frères des Écoles

chrétiennes, auxquels était contesté le droit d'enseigner, si ce n'était aux enfants des pauvres. — Caron, 1767, 36 p. in-4°.

B. de M. Caumartin.

201. La Sainte Confrérie ou confédération d'amour de Notre-Dame auxiliatrice, nouv. édit. — Vᵉ Godart, 1767, in-18 de 108 pages.

B. de M. Guerard.

202. Mémoire sur l'air, la terre et les eaux de Boulogne-sur-Mer et des environs, par Desmars. — Vᵉ Godart, 1769, in-12.

B. de M. Caumartin.

203. Observations sur l'épizootie à Amiens.— 1770, L.-Ch. Caron, in-4°.

B. d'Amiens.

204. Traité théorique et pratique des bains d'eau simple et d'eau de mer, avec un mémoire sur la douche, par Pierre-Antoine Marteau. — 1770, Vᵉ Godart, in-12.

205. Histoire abrégée de la vie de N.-S. Jésus-Christ, où sont contenues ses principales actions, à l'usage des écoles. — Amiens, Vᵉ Godart, imp. du Roi, rue des Rabuissons, 1771, in-12.

206. Lettre sur l'éducation physique des enfants, par de Fourcroy. — Vᵉ Godart, 1771, in-12.

B. de M. Caumartin.

207. Pièces fugitives en vers et en prose, dédiées à Mˡˡᵉ de V....., par un éditeur. — L.-Ch. Caron, 1771.

208. Cantiques spirituels à l'usage des missions du diocèse d'Amiens. — L.-Ch. Caron, 1771, in-12.

B. de M. Caumartin.

208ᵇⁱˢ Les heures de la journée du chrétien. — Caron, 1771, in-12.

Ouvrage composé par 3 grands vicaires : d'Argnies, de Radival et Joiron.

209. Arrest... qui réunit au corps de la ville d'Amiens les offices municipaux créés en 1771, moyennant 70,000 livres, etc. — 1772, L.-C. Caron.

210. Ordonnance des officiers municipaux de la ville d'Amiens por-

tant nouveau règlement pour les revendeurs et les revenderesses jurés, 11 mai 1773. — L.-C. Caron, 1773.

211. Relation du magasin à poudre d'Abbeville qui a sauté le 2 novembre 1773, suivie de 3 complaintes. 4 p. in-4°.

> Permis d'imprimer et débiter à Amiens, le 29 novembre 1773, Jourdain de Thieuloy.
>
> **B. d'Aubin Normand.**

212. Arrest... portant règlement pour l'administration municipale de la ville d'Amiens, 22 janvier 1774. — L.-C. Caron, 1774.

213. Arrêt qui permet de transporter le Champ-de-Foire de St.-Jean-Baptiste des environs de la cathédrale dans la nouvelle halle et dans la place de l'Hôtel-de-Ville, si besoin est, 8 avril 1777. — L.-C. Caron, 1777.

214. Les représentations de Louis XVI au Parlement en faveur du peuple à son heureux retour dans Paris, le 12 novembre 1774. — 2 pages de poésies in-4°.

215. Les cris de joie du peuple de Paris, sur le retour du Parlement suivi de : les hommages des cœurs rendus à Louis XVI. — 2 pages de poésies in-4°.

> Permis d'imprimer et distribuer à Senlis et à Amiens, le 15 décembre 1774.
>
> **B. d'Aubin Normand.**

216. Lettre du Roi Louis XVI, à Mgr l'archevêque de Paris (au sujet de la mort de Louis XV, suivie de 3 complaintes). 4 p. in-4°.

> Permis d'imprimer à Amiens, 1er juillet 1774, Jourdain de Thieuloy.
>
> **B. d'Aubin Normand.**

217. Mémoire pour la communauté des procureurs au Parlement contre les prevot et eschevins de la ville de Paris, les conseillers et quartiniers, les six corps des marchands et autres intervenans, (Demande d'admission aux offices). — L.-C. Caron, 1774.

218. Discours prononcé à l'Académie d'Amiens par M. d'Agay, intendant de la province, sur l'utilité des sciences et des arts. — Ve Godart, 1774, in-4°.

219. Statuts synodaux du diocèse d'Amiens. — Amiens, L.-Ch. Caron, 1775, in-12, vis-à-vis St.-Martin.

B. Guerard.

220. A MM. les maire, échevins, conseillers et autres officiers municipaux d'Abbeville (par Gaillard Procureur). — Amiens, Caron, 1775, 26 p. in-4°.

> Requête par Liévin Pintiau, libraire, contre Devérité, libraire-imprimeur.
>
> Contient quelques renseignements sur les droits et priviléges des imprimeurs et libraires.

221. Vers à M. de Sartine, par Mme Renard. — Ve Godart, 1776.

222. Éloge de Dom Luc d'Achery, avec des notes historiques, discours qui a remporté le prix d'éloquence au jugement de l'Académie d'Amiens, en 1775, par M. Maugendre l'aîné. — Ve Godart.

223. Réplique pour les habitants du village de Campagne et du hameau de la Neuville-en-Artois, contre les abbés et prieur de Marmoutiers, etc. — Amiens, Ve Godart, 1777.

224. Satire contre les visites du jour de l'an (par l'abbé Dinouart.) s. n. n. l. — Amiens, Caron, 1777, 12 p. in-4°

> Autre édition en 1747.

225. Plan d'un cours de chimie et d'histoire naturelle expérimentale raisonnée, appliquée aux arts, par MM. d'Hervillez et Lapostolle, sous les auspices du comte d'Agay. — Ve Godart, in-12.

B. de M. Caumartin.

226. Plan d'un cours d'histoire naturelle, par M. Denamps, sous les auspices du comte d'Agay, intendant de Picardie. — Ve Godart, imp. du Roi, 1777, in-12.

227. Pensées politiques, philosophiques et morales (par M. Chassepot de Beaumont de Pissy). –- S. n. n. l. n. d. 24 p. in-8°.

228. Règlement de Mgr l'évêque d'Amiens, pour les honoraires des curés. — Chez L.-Ch. Caron, imp. et lib. de Mgr l'évêque, vis-à-vis l'église St.-Martin, 1778, in-12.

B. de M. Guerard.

229. Essai sur l'impôt, (par M. le marquis de Gomer). — Ve Godart, 22 p. in-8°.

B. de M. Caumartin.

230. Abrégé de la vie et des vertus, de Mlle de Louvencourt, décédée le 14 octobre 1778. — Caron, fils, 1779, in-12.

> Réimprimé en 1788, par le même imprimeur.

231. Ordonnance de l'intendant (de Picardie), concernant les épizooties. — J.-B. Caron, 1779.

232. Épitres et évangiles des dimanches et fêtes de toute l'année, du Carême et de l'Avent, des autres féries, et des patrons de la ville d'Amiens, avec des réflexions et des collectes, nouvelle édition, etc. — A Amiens, chez L.-Ch. Caron, père, imp. de Mgr l'évêque, 1779, in-12.

> Ce livre a été condamné, par l'évêque d'Amiens, par une lettre de 1779, qui prescrit de faire toutes les recherches possibles pour retirer le livre dont s'agit des mains des fidèles, avec offre d'en faire rembourser le prix.

233. Traité d'économie pratique, ou moyen de diriger les constructions, et de construire les machines hydrauliques, par Jumel-Riquier. — Chez Mastin, in-4°. pl.

234. Prologue pour l'ouverture de la nouvelle salle des spectacles d'Amiens, par Klairwal, représenté le 21 janvier 1780. — 1780, J.-B. Caron, 16 p. in-8°.

235. Consultations relatives à un acte sous seing privé, fait entre les sieurs Marest et Lavette, au sujet de la construction de la salle de comédie. — J.-B. Caron, fils, 1781, 6 p. in-4°.

236. Instructions chrétiennes pour les jeunes gens, utiles à toutes sortes de personnes, mêlées de plusieurs traits d'histoires et d'exemples édifiants. — A Amiens, J.-B. Caron fils (l'aîné), 1781, in-12.

> Ce livre est précédé d'une permission d'imprimer portant le titre de *Permission simple*, donnée par M. Lecamus de Néville, directeur général de la librairie et imprimerie, le 24 mars 1780.
>
> Cet ouvrage, tiré à 1,500 exempl., indique quels sont les livres dont les jeunes gens doivent faire leur lecture habituelle, tels que

l'*Introduction à la vie dévote*, l'*Imitation*, etc. Il trace la conduite à suivre dans les jeux et divertissements, les veillées, assemblées nocturnes, danses, spectacles, les devoirs des époux, etc. — Les vêtements immodestes, les nudités, les mouches, le fard, sont, dans ce livre, l'objet de blâmes fort sévères.

237. Œuvres de Robert Boistel D'Welles. — Caron, 1782, in-8°.

238. Ville d'Amiens. — Taxe pour l'illumination publique. — Extrait du rôle dressé en vertu de l'arrêt du Conseil du 10 février 1778 et arrêté par Mgr l'intendant. — Le bureau est chez le sieur Quignon, Grand-Marché.

> Modèle d'avertissement pour payer les droits alors établis pour l'éclairage de la ville sous ce nom pompeux d'illumination, laquelle consistait en des lanternes qui, dans quelques siècles, seront peut-être recueillies par les archéologues comme des objets de toute rareté.

239. Sous les auspices de Mgr le comte d'Agay, intendant de la province de Picardie : Exercice sur les fables de Phèdre, la géographie et l'histoire de France. — Cet exercice sera soutenu par les élèves de la pension de M. Magniez, dans la salle des Jacobins, le 11 août 1783. — Caron l'aîné, 2 p. in-4°.

240. Voyage pittoresque ou notice exacte de tout ce qu'il y a d'intéressant à voir dans la ville d'Amiens, capitale de Picardie, et dans une partie de ses alentours, faite en l'année 1783, par D.-V.-L. d'A... d. (De Vermont l'aîné.) — Caron l'aîné, 1783, in-12 de 74 pages.

> Très-rare.

241. Récapitulation des comptes du bureau général des pauvres, avec quelques observations qui ont paru nécessaires. — L.-Ch. Caron père, 4 p. in-4°.

> Les quêtes de 1783 avaient produit 1799 livres pour 6 ou 8,000 pauvres.

242. Relation très-intéressante concernant Benoist-Joseph Labre, d'Amette en Picardie. — Amiens, Caron, 1783, petit in-4° port.

243. Histoire civile, ecclésiastique et littéraire du doyenné de Grand-villers. par M. l'abbé Daire. — Caron l'aîné, in-12.

>   Très-rare.

244. Histoire civile, ecclésiastique et littéraire de la ville et du doyenné de Doullens (par le P. Daire). — J.-B. Caron l'aîné, 1784, in-12.

245. Histoire civile, ecclésiastique et littéraire de la ville et du doyenné d'Encre, aujourd'hui Albert, par l'abbé Daire. — J.-B. Caron, 1784, in-12.

>   Très-rare.

246. Rituel du diocèse d'Amiens, publié par M. de Machault. — Caron, in-4°.

247. Lettres-patentes, statuts et règlements généraux et particuliers de l'Académie des sciences, belles-lettres et arts d'Amiens, avec la liste des académiciens. — J.-B. Caron l'aîné, 1785, in-12.

248. Lettre du sieur..., ancien négociant d'Amiens, à M. le comte d'Agay, intendant de Picardie (au sujet de la navigation de la Somme), par Durand et Janvier, 1785, in-12. — Amiens, s. n.

249. Discours du Roi, prononcé à l'assemblée des notables, 23 avril 1787. — J.-B. Caron.

250. Règlement fait par le Roi sur les fonctions des assemblées provinciales et de celles qui leur sont subordonnées, ainsi que sur les relations de ces assemblées avec les intendants des provinces, du 5 août 1787. — J.-B. Caron.

251. Mandement de Mgr l'évêque d'Amiens, au sujet de plusieurs guérisons miraculeuses opérées dans l'église Notre-Dame de Brebière d'Albert. — Caron, 1787, in-18.

252. Procès-verbal de la 1re séance de l'assemblée provinciale de Picardie, tenue à Amiens, le 14 août 1787. — J.-B. Caron, 1787, 335 pages in-4°, plus les tables et une carte n. chif.

253. Discours prononcé dans la grande salle de l'hôtel-de-ville, à la séance de l'Académie d'Amiens du 25 août 1784, par M. le président Rolland. — J.-B. Caron, 1788, in-4°.

254. Association civique pour procurer à la ville d'Amiens les comestibles nécessaires à la subsistance de ses habitants jusqu'au 1er septembre 1789. — L.-C. Caron, 1789.

> En l'an III, la disette était telle que le peuple ne recevait alors qu'une ou deux onces de pain par jour, ce qui donna lieu à une insurrection assez violente.

255. A l'assemblée nationale (les officiers du régiment d'infanterie de Conti à Amiens, le 6 septembre 1787. — J.-B. Caron, 1789.

256. Lettre du Roi à l'assemblée nationale. Versailles, 18 septembre. — J.-B. Caron, 1789.

257. Arrêt du Conseil qui fait défense aux juges du bailliage d'Amiens de prononcer sur l'appel des jugements de police. — L.-C. Caron, 1789.

258. Lettres-patentes du Roi et règlement pour la milice citoyenne d'Amiens (14 décembre 1789. — Caron-Berquier.

259. Mémoire sur la Picardie, contenant les doléances de la généralité d'Amiens, divisé en 11 parties, suivi d'un état des capitaux de rentes perpétuelles dues par le Roi, et qui se paient à l'Hôtel-de-Ville ; d'un mémoire sur la formation d'un Conseil du Roi ; d'un mémoire sur la formation des Pays d'État, d'un mémoire sur la Justice ; d'une analyse relative au domaine réel ; d'un tableau de l'impôt territorial calculé, etc., d'un tableau de l'impôt à supporter par tous les propriétaires de maisons, etc., par M. S... (Tartas) de Romainville. Au cap de Bonne Espérance 1789, aux dépens de la Société philantropique. — Amiens, Caron l'aîné, 1789, in-4°.

260. Arrêté des électeurs des 3 ordres pour le maintien de la liberté et de la sûreté dans les marchés aux grains d'Amiens 1789. — Ve Louis-Charles Caron, in-4°.

> C'est le seul imprimé connu, portant le nom de la Ve Caron, immédiatement après son imprimerie passe aux mains de Caron-Berquier, son fils.

261. Délibération de la ville de Doullens pour supplier Sa Majesté de daigner accorder les États provinciaux à la province de Picardie, 15 mai 1789. — J.-B. Caron, 1789.

262. Proclamation de la Commission intermédiaire provinciale de Picardie, 12 octobre 1789. — J.-B. Caron, 1789.

263. Office de S[t].-Médard, évêque de Noyon et de Tournay, patron de la paroisse de Domart. — Caron, 1789, 93 p. in-18.

> Contenant la vie de ce Saint et quelques remarques sur la fête de la Rose qui lui est attribuée.

264. Tableau des officiers et notables de la ville d'Amiens, pour 1790.

265. Extrait du procès-verbal de prestation de serment des officiers municipaux de la ville d'Amiens, devant la commune, 24 février 1790. — Caron-Berquier, 1790.

266. Extrait du registre aux délibérations de la commune de Doullens, (nomination de M. Gorjon de Verville, maire, 1er août 1790.) — J.-B. Caron, 1790.

267. Fidelissimœ picardorum genti. 14 pages.

> Tu dors Picard, et Louis est dans les fers.

— A Amiens, dans le palais épiscopal. S. n. n. d. (1790).

> Cette dernière indication pourrait faire supposer qu'il existait à cette époque une presse dans le palais épiscopal, mais rien ne vient à l'appui d'une pareille supposition, on peut même remarquer que les caractères qui ont servi à l'impression de cette brochure, ressemblent à ceux que J.-B. Caron, l'aîné, employait ordinairement. J.-B. Caron était encore à cette époque l'imprimeur du diocèse.

268. Réfutation d'une instruction pastorale de Monsieur l'évêque d'Amiens, imprimée à Paris, chez Crapard, par la société des amis de la constitution d'Amiens, 2me édition, (par Mezurolle.) De l'imprimerie de Fr. Caron-Berquier, membre de ladite société, rue S[t].-Martin, à la religion. — 1790.

B. Guérard.

269. Réponse à la déclaration du chapitre de la cathédrale d'Amiens, du 13 décembre 1790, par la même société. — Même adresse, même année.

270. Oraison funèbre des martyrs de la constitution, morts à Nancy, le 31 août 1790, prononcée le 21 octobre (suivant) dans l'église cathédrale d'Amiens, par M. l'abbé Joseph Bellegueule. — Fr. Caron-Berquier, 1790.

271. Tableau des déclarations pour la contribution patriotique des citoyens de la ville d'Amiens, dressé en exécution de l'article 9 des lettres patentes du Roi du 1ᵉʳ avril 1790, sur le décret de l'assemblée nationale du 2 mars précédent. — Caron-Berquier, 1790.

Ce tableau ne comprend pas moins de 1100 noms qui sont inscrits pour une somme totale de près de 3 millions de livres; les plus fortes sommes sont données par Mgʳ l'évêque de Machault, les familles de Morgan, de Gomer, Bouchon, Canaple, Debray, de Thieuloy, Poujol, Pingré de l'Éloge, le chanoine de Lestocq, etc.

272. Les députés du bailliage d'Amiens à l'assemblée nationale, à leurs commettants, 17 février 1790. — J.-B. Caron.

273. Extrait du panégyrique de saint-Louis, prononcé le 25 août 1790, en présence de l'Académie d'Amiens, dans l'église des Cordeliers de la même ville, par l'abbé Mezurolles, docteur de Sorbonne. — Amiens, Caron-Berquier, 1790, in-8°.

274. Loi relative au brûlement des assignats défectueux, donnée à Paris, le 29 décembre 1791. — De l'imprimerie de Fr. Caron-Berquier, imp. du département de la Somme, rue Sᵗ.-Martin.

Placard in-fᵒ en tête duquel est une fleur de lys.

275. Règlement de l'assemblée populaire d'Amiens. — In-12, Caron-Berquier, imprimeur des autorités constituées du département de la Somme, an II.

Cette brochure porte pour emblème sur le titre la vignette du bonnet de la liberté, et à la fin se voit le triangle.

Voici la formule de serment qui était exigé des membres de cette société :

« Je jure que je n'ai pas été membre d'aucuns clubs royalistes, » que je n'ai jamais signé aucunes protestations, déclarations ni » arrêté contre aucuns décrets des assemblées nationales. Je jure » de défendre jusqu'à la mort, la liberté, l'égalité, l'unité et l'in-

» divisibilité de la république , de propager partout les principes
» révolutionnaires et de donner à mes concitoyens l'exemple de
» la soumission la plus entière aux lois. »

276. Discours de M. le président (Bellegueulle) des amis de la constitution , en la séance du 28 août 1791 , à MM. les électeurs. — De l'imprimerie patriotique de François Caron-Berquier, membre de la société des amis de la constitution , libraire de Monsieur l'évêque , rue St.-Martin , 1791.

277. Procès-verbal de l'assemblée du département de la Somme , tenue en 1790. — J.-B. Caron l'aîné , 1791 , 592 p. in-4° et 7 tableaux.

277 bis Almanach historique et géographique du département de la Somme. — Amiens, Caron l'aîné , 1792, in-24 de 174 pages.

278. Procès-verbal des séances du Conseil général du département de la Somme , en sa session de 1792, in-4°.

279. Rapport des commissaires envoyés dans le département de l'Yonne, par Claude Fauchet , 6 novembre 1792. — J.-B. Caron, 1792.

279 bis Adresse à la convention nationale de France par les sociétés de Bretons unies dans une cause commune, c'est-à-dire pour obtenir une représentation juste , égale et impartiale dans le Parlement. — J.-B. Caron , 1792.

280. Compte de l'administration du directoire , rendu au Conseil général du département de la Somme, en la 3me séance, le 16 novembre 1791. — Caron-Berquier, 1792, in-4°.

281. Discours et projet de décret sur l'éducation nationale, par Henri Bancal , 24 décembre 1792. — Caron-Berquier.

282. Rapport fait sur le nouveau traité conclu à Bâle, le 28 floréal , entre la république Française et le Roi de Prusse. — 1792 , lib. associés.

283. Avertissement général de la commune d'Amiens, sur les vaines terreurs qui agitent les citoyens, sur les véritables moyens de les dissiper et d'assurer la tranquillité publique, signé: Leroux ,

maire, Janvier, secrétaire-greffier. — Caron-Berquier, imp. de la commune, 8 p. in-4°.

284. Extrait du registre aux délibérations du Conseil général de la commune, du 20 août 1792. (Dénonciation de M. Laurendeau, par M. Revets). — Caron-Berquier, 6 p. in-4°.

285. Explication des maximes catholiques, actes, prières et litanies. Le tout propre à ce temps d'affliction pour les fidèles enfants de l'église. — Chez Marielle, libraire, au Bloc, à Amiens, 48 p. in-18.

     Fort rare, voy. chap. 14.

286. Pièces relatives à la prise de Mons par Dumouriez, 9 novembre 1792. — J.-B. Caron, 1792.

287. Extrait du registre aux arrêtés du Conseil général du département de la Somme, séance du 8 avril 1793, (au sujet d'un manifeste de Dumouriez, et afin d'en arrêter les exemplaires). — De l'imprimerie de Caron-Berquier, imp. du département de la Somme, 4 p. in-4°, avec une vignette en tête.

B. d'Aubin Normand.

288. Premier grade d'apprenti maçon, catéchisme. — Amiens, s. d. imp. des associés, in-18.

     Le seul livre de cette classe imp. à Amiens, qui se trouve à la biblioth. communale.

289. Rapport au nom de la Commission des onze, par Baudin, an III. — 1793, Caron-Berquier.

290. Dénonciation aux comités de salut public et de sûreté générale, de la convention nationale, (d'un acte de vengeance personnelle commis au nom de la loi par des fonctionnaires publics coupables de délits graves et impunis. Signé : Hanocq). — 1793, imp. des associés.

291. Adresse de la section des Champs-Élysées, arrêtée dans l'assemblée générale du 30 décembre 1792. — J-B. Caron, 1793.

292. Adresse de la section des gardes françaises, à la convention nationale. — Pétition au Roi des Français, trouvée dans les papiers

du Roi, lue à la séance du 6 décembre 1792. — J.-B. Caron, 1793.

292 bis. Adresse du 1er bataillon de la Corrèze aux représentans de la république française, 8 décembre 1792. — J.-B. Caron, 1793.

293. Décret de la convention nationale du 4 septembre 1793, (an II), portant que le citoyen Le Bon restera dans le sein de la convention, et le citoyen Dumont dans le département de la Somme. — De l'imp. de J.-B. Caron l'aîné, imp. du département, 1793, 2 p. in-4°.

294. Lettre du citoyen Lebrun, ministre des affaires étrangères au président de la convention nationale, 10 décembre 1792. — Caron-Berquier, 1793.

295. Avertissement du Conseil municipal d'Amiens sur l'exécution du décret de la convention nationale du 29 mars qui enjoint à tout propriétaire ou principal locataire de faire afficher à l'extérieur de leurs demeures, les noms, prénoms, âges et professions de tous les individus résidans dans leurs maisons, 3 mai 1793. — Caron-Berquier.

Cet avertissement est terminé par un modèle d'affiche où sont portés même les noms des enfants. Il est signé Lescouvé, maire, Janvier, secrétaire.

296. Discours prononcés le jour de la fête célébrée à Amiens en l'honneur de l'Être suprême. Couplets, etc.— Caron-Berquier.

Cette fête fut célébrée dans la cathédrale, alors transformée en temple de la raison. Il est inutile de dire que les discours ainsi que les couplets chantés pour terminer cette cérémonie avaient pour but l'apologie de la religion inventée par Robespierre, et la dérision de la religion chrétienne.

Un des couplets chanté sur l'air des Marseillais commençait ainsi :

> Dans ce temple où le fanatisme
> Exhalait son souffle empesté,
> Chantons le républicanisme
> La raison et la vérité (bis).

297. Colo-Pierrot, Kiobitte, dit *ch'gouailleux*, m'neu d'bergneux

de ch'Don , rue des Bondes à Amiens ; à ch'l'obrieux d'évêque Gueuvernon , comm'y serre sans entrailles d'en ch' département del Somme à Amiens. — A ch'Plein Scieu, chez tous ché marchands d'beux , in-8°. Très-rare.

B. de M. Dusevel.

298. Pétition de la Société populaire d'Amiens et réponse du Conseil général de la commune. — Amiens , Caron-Berquier, 1793.

Cette pétition avait pour but de demander, outre la fermeture des portes de ville , celle des entrées de rivières , afin que les hommes et les marchandises dont on voudrait s'assurer ne pussent sortir ; de donner des cartes d'entrée et de sortie aux hommes qui travaillaient au dehors.

Elle se termine par cette recommandation aux magistrats : « de la surveillance et de la fermeté et vous faites , magistrats , » le bonheur des sans-culottes de cette cité. » Signé : Pierre-Paul Leroux, et Devaux , vice-secrétaire.

Le Conseil général promit d'avoir égard à la pétition ; mais il n'était pas en parfaite communauté de vues avec la Société populaire , si l'on en croit certains passages de la réponse.

299. Inscriptions placées lors de la fête civique et républicaine dans la commune d'Amiens ; brumaire , an II. — Caron-Berquier.

Ce programme mérite d'être connu , ainsi que les inscriptions , dont voici l'échantillon :

« Sur la place du Marché-aux-Herbes, des deux côtés sur l'élé-» vation, 2 bûchers : le premier composé de confessionnaux et » de lettres de prêtrise ; le second de lettres de noblesse , de » droits féodaux , d'emblèmes , etc.

» Sur chacun des autels de côté se trouveront ces inscriptions ; » on y brûlera de l'encens.

» A Pelletier et Marat, assassinés pour avoir voté la mort du » tyran et défendu le peuple ; la patrie reconnaissante. »

300. Marche de la fête civique et républicaine du 30 brumaire an II. — F. Caron-Berquier, 3 p. in-4°.

La réunion pour le départ était au Département, où devaient se trouver les autorités constituées , les femmes vêtues de blanc et portant les couleurs nationales , réunies avec la Société populaire.

11.

Le cortége était divisé en 9 groupes, avec tambours, musique et détachement de garde-nationale. Les bannières portaient des inscriptions variées. Voici celle des femmes : « nous éleverons nos enfants dans la haine des rois et des prêtres » — L'inscription des jeunes citoyennes était celle-ci : « nous ne nous marierons qu'à l'autel de la patrie et nous n'épouserons que ceux qui auront concouru à sa défense. » — Les juges formaient le 6ᵉ groupe avec cette inscription : « aussi justes que l'équilibre. » — La Société populaire avait inscrit : « guerre aux châteaux, paix aux chaumières, mépris des prêtres et surveillance par le peuple. »

Cette pièce est signée : Demanché et Duval.

301. Pensées civiques prononcées le 20 pluviose (an II) à la Société populaire de la commune d'Amiens, par Florimond Dewailly. — Caron-Berquier, an II, in-12.

302. Tableaux de taxations des denrées et marchandises de première nécessité dans le district d'Amiens. — Caron-Berquier, an II, in-4°.

303. Extrait du registre aux arrêtés de la Commission provisoire du département de la Somme, en sa séance du 15 septembre 1793, signé : Cattaert et Demeaux.— De l'imprimerie de Caron-Berquier, imprimeur du Département, placard in-f°.

B. de M. Vast.

Cet arrêté ordonnait l'arrestation de plusieurs personnes de Camon déclarées coupables d'avoir signé une pétition en faveur de quelques cultivateurs qui avaient exporté du grain, etc.

304. Projet de constitution pour la République française et discours préliminaire prononcé par Boissy d'Anglas, au nom de la Commission des onze, dans sa séance du 5 messidor an III.— An III, libr. associés.

305. Procès de Joseph Le Bon, membre de la Députation du département du Pas-de-Calais à la Convention nationale, condamné à la peine de mort par le tribunal criminel du département de la Somme. Recueilli aud. tribunal par la citoyenne Varlé (imprimeur). — De l'imp. des associés, Grande rue de Beauvais, 590, 1794, 2 vol. in-8°.

306. Jugement du tribunal criminel du département de la Somme,

qui condamne Joseph Lebon , député du département du Pas-de-Calais à la Convention nationale , à la peine de mort , pour, étant en mission dans le même Département, avoir exercé des oppressions , persécutions , cruautés , vengeances personnelles et avoir, par abus de ses fonctions , dans l'exercice de ses pouvoirs , provoqué l'assassinat judiciaire d'un grand nombre de citoyens ; du 13 vendémiaire an IV. — Amiens, de l'imprimerie des associés , s. d., 16 p. in-4°.

> Joseph Lebon a été exécuté à Amiens , le 24 vendémiaire an IV, sur la place du Grand-Marché, et inhumé dans le cimetière St.-Roch.

> M. Dufour dit, dans son *Essai de bibliogr.*, que la tête de Lebon est conservée dans le cabinet d'un docteur en chirurgie d'Amiens.

307. Réponse de Barbier-Jenty à André Dumont, sur son compte rendu à ses commettans. — Chez Caron-Berquier, imprimeur des autorités constituées , rue des Sergents. 10 ventose an V, in-8e.

> Le titre porte pour vignette un œil avec les mots suivants :
> « Il se fronce devant la tyranie. — Surveillance. »
> Ce livre est fort rare.

308. Navigation intérieure de la République. — Amélioration de la navigation de la Somme, par Adviné. — Amiens, Patin (1796), in-4°, pl.

309. Tableau du cours des assignats, depuis le 31 août 1789 jusqu'au 30 juin 1796. — De l'imp. de la citoyenne Varlé, Grande rue de Beauvais , n° 590. In-32.

310. Journée du 18 fructidor (par N. Regnard). — An VI, Patin.

311. Pièce de 8 p. in-4°, de l'imprimerie de Caron-Berquier, imprimeur du département de la Somme.

> Cette pièce est une espèce de circulaire électorale , adressée par l'imprimeur Caron-Berquier aux amis de la République, à l'occasion des élections de l'an VI. « Vous choisirez, dit-il, celui » qui se sera montré hautement patriote, celui que ses vertus » républicaines auront exposé à la haine et aux attaques des » royalistes, etc. Vous élèverez aux places celui qui veut la cons-

» titution de l'an III, qui a juré de vivre libre et mourir, et que
» vous connaissez capable de tenir ce glorieux serment. »

Par ces vertus républicaines Caron-Berquier ne semblait-il pas désigner sa personne au choix des électeurs ? Il n'indiquait, toutefois le nom d'aucun candidat.

Cet imprimé porte en tête les mots : *Liberté, égalité, fermeté, persévérance*, séparés par une vignette renfermée dans un cercle. La vignette est formée de deux écus ovaloïdes séparés par le faisceau républicain accosté de deux piques dont l'une supporte le bonnet de la liberté et l'autre une tête de mort. Le tout est surmonté de cette épigraphe : « *point de milieu.* » L'écu de gauche a pour légende : « *obéissance aux lois acceptées par le peuple souverain.* » Le champ est rempli par les tables de la loi protégées par l'œil rayonnant. L'écu de droite est aussi entouré d'une légende : « 10 août 1792, 31 mai et 7 juin 1793. » Le champ de cet écu est le bonnet républicain placé dans les nues, foudroyant la couronne royale précipitée et brisée dans l'océan aux flots agités. Au bas des deux écus on voit : « *Unité, indivisibilité de la Rép. franç.* »

Cabinet de M. Bazot.

312. Tableau des rues, places, culs-de-sacs, ports, faubourgs et banlieues composant la ville d'Amiens, divisée en quatre arrondissements. 1er messidor an VI. — Patin, an VI.

313. Discours par Bernaux à l'occasion de la paix. — An VI, impr. des associés.

314. Délibération de l'administration municipale d'Amiens, pour l'observation uniforme du calendrier républicain. 13 messidor an VI. — Caron-Berquier.

315. Constitution de la République française. — Caron-Berquier, imprimeur du Département, in-24, front.

B. d'Aubin Normand.

316. Convention nationale. — Extrait du registre aux arrêtés de la Commission révolutionnaire du département de la Somme, en sa séance publique du 6me jour de la 1re décade du 2me mois de l'an 2me de la République française, une, indivisible et impérissable, portant l'interdiction de toutes cérémonies religieuses les jours ci-devant connus sous les noms de fêtes ou dimanches. Signé : Du-

mont, Cattaert et Demaux, 2 p. in-4°. Porte en tête, une vignette, emblême de la liberté. — De l'imp. de Caron-Berquier, imp. des autorités constituées.

B. d'Aubin Normand.

317. Règlement du Tribunal civil de première instance séant à Amiens, du 2ᵉ jour, complém. de l'an VIII, 22 pages in-8°. — Amiens, Patin et Cⁱᵉ, imp. de la Préfecture du département de la Somme et des tribunaux civils et criminels.

318. Remarques sur l'église cathédrale d'Amiens, avec une description de ce bel édifice, par le citoyen Caron-Berquier ; suivi d'un compliment picard, par l'abbé G. (Gorin d'Amiens).— Imp. de l'auteur, in-8°.

319. Discours prononcé par M. le vicaire général du diocèse d'Amiens, au moment de la double installation de M. Duminy, curé de la cathédrale, et de M. Fertel, chan. théol. — Caron l'aîné.

319ᵇⁱˢ. Tables de rapports entre les anciennes mesures en usage dans le département de la Somme et les nouvelles mesures. In-8° de 100 pages.

    Ce livre n'a pas été imprimé à Amiens, mais il a été édité par Darras, libraire en ladite ville.

    Une nouvelle édition, projetée par ce libraire vers 1815, ne put paraître, parce que le ministre auquel le manuscrit avait été communiqué y avait trouvé des erreurs.

320. Organisation judiciaire du territoire du Tribunal d'appel d'Amiens, etc., par Chanlaire. — Caron-Berquier, an X.

321. École centrale du département de la Somme. Distribution solennelle des prix, du 14 fructidor an II. — Maisnel, imp. de l'école centrale.

    Parmi les lauréats on remarque : pour le cours de dessin, MM. Rigollot, Hyp. Bourgeois, etc. ; pour le cours de botanique, MM. Mitiffeu, Albin Berville, etc. ; pour le cours de législation, M. Mitiffeu, et M. Mimerel pour le cours de belles-lettres.

322. Établissement d'une école pratique de santé dans l'Hôtel-Dieu d'Amiens. — An XII, Caron-Berquier.

B. d'Amiens,

323. Mandement de Mgr l'évêque d'Amiens, qui ordonne de solennelles actions de grâces pour le sacre et couronnement de S. M. Imp. Napoléon. — Caron l'aîné.

324. Notice historique sur l'établissement du jardin-des-plantes d'Amiens, par P. Trannoy, docteur en médecine, professeur d'histoire naturelle. — Amiens, chez Marielle, imprimeur-libr., in-12. Très-rare.

B. de M. Dusevel.

325. Rapport à M. le Préfet, par M. Rigollot et autres, chargés de présider aux traitements des maladies des yeux faits à l'hospice par le docteur Forlenze. — Maisnel, an XIII, in-8°.

B. d'Amiens.

326. Collection des rapports analytiques des travaux de l'Académie d'Amiens. 1er vol. — Caron-Berquier, an XIII, 318 pages in-4° en 5 cahiers.

327. Description de l'église cathédrale d'Amiens, par Maurice Rivoire. — 1806, Marielle, in-8°, pl.

Cet ouvrage et plusieurs autres du même auteur sont assez vivement critiqués dans le *Journal d'agriculture et de commerce de la Somme*, par M. Raymond, qui leur reproche l'inexactitude.

328. Lettre à M. Rivoire, sur quelques passages de sa description de la cathédrale d'Amiens, par M. Rigollot. — Amiens, Maisnel fils, 1806, 52 p. in-8°. — Lettre critique.

329. Précis historique de la surprise d'Amiens par les Espagnols, le 11 mars 1597, et de la reprise par Henri IV, le 25 septembre suivant, par Maurice Rivoire. — Maisnel fils, 1806, in-8° de 58 pages.

330. Fables de Lafontaine, suivies d'un compliment en patois-picard (par l'abbé Gorin). — Caron-Berquier, in-12.

331. Rêve géométrique sur la quadrature du cercle, lu à l'Académie d'Amiens, par l'abbé Tournyer. — 1806, Marielle, in-12.

332. Annuaire statistique et administratif du département de la Somme pour 1806, par Maurice Rivoire. — Maisnel, 1806, in-8°.

333. Catéchisme à l'usage de toutes les églises de l'Empire français.

— A Amiens, chez J.-B. Caron l'aîné, imp.-lib. de Mgr l'évêque, place de la Concorde, 37. 1807, in-18.

334. Règlement du Tribunal civil de 1re instance d'Amiens. 24 p. in-8°. — Maisnel fils, imp. de la Préfecture et du Tribunal de 1re instance.

335. Consultation sur la question si les dames séparées de biens d'avec leurs maris peuvent s'attribuer la chambre retorée (par de Matigny). — 1807, Maisnel fils, imp. de la Préfecture, Cloître-St.-Nicolas, 8, in-4°.

B. de l'abbé Corblet.

336. Analyse d'un Mémoire contenant l'examen critique d'une charte de 1174, attribuée à Louis VII dit le Jeune. Lu en séance publique de l'Académie d'Amiens, le 16 août 1808, par M. Levrier. — Caron-Berquier, in-8°.

337. Heures nouvelles ou demi-bréviaire à l'usage du diocèse d'Amiens. — J.-B. Caron, 1808, in-18.

338. Liberté. Discours du citoyen Louis-Pierre Famechon-Maricourt, aux notaires, maire, adjoints et témoins qui ont signé son acte de mariage avec la citoyenne Flore-Émélie Barré, âgée de 13 ans révolus. — S. d. Caron-Berquier, imp. de la Cour d'appel, 8 p. in-4°.

B. de l'abbé Corblet.

339. Tableau statistique de l'Empire français par divisions militaires et cohortes, contenant le détail des ressources en toutes productions pour les besoins des divisions et des places entr'elles (par Wiart). — Amiens, Caron-Vitet, 1811.

340. Précis sur l'image miraculeuse de N.-D. de Brebière. — Caron, 1813, in-18.

341. Proclamation du sénateur, grand chambellan de France, commissaire de S. M. l'Empereur et Roi dans la 15e division militaire, etc. — In-4°, J.-B. Caron.

B. de M. Dusevel.

342. Satyres de Juvénal, trad. en vers français, par L.-V. Raoul. 2e édition. — 1815, Caron-Vitet.

343. Adieux et remercîments des volontaires royaux de Picardie, sous les ordres de prince du Croy-Solre, aux Amiénois. 2 p. in-4°, s. d. — Caron l'aîné.

344. Mémorial administratif du département de la Somme. 1816 et années suiv. — Caron l'aîné.

345. L'Union des Lis, cantate sur le mariage du duc de Berry et de la princesse Caroline de Naples, par Le Jey.— J.-B. Caron, 1816.

346. Annuaire du département de la Somme pour 1815 et 1816, faisant suite à l'ancien almanach de Picardie. — Caron–Vitet, in-18, 2ᵉ année.

347. Traité élémentaire des maladies épidémiques ou populaires, par Trannoy. — Ledien–Canda, 1819, in-8°.

B. de M. Vast.

348. Concordonnance de l'état atmosphérique avec les maladies régnantes à Amiens et ses environs, depuis 1819 jusqu'à 1825, par Trannoy. — Caron–Vitet, in-8°.

B. d'Amiens.

349. Notice des tableaux qui décorent les salles de la Mairie, à Amiens, par Baron. — Caron-Vitet, in-8°.

350. Quelques vers nouveaux sur de vieux souvenirs, par E. A., membre d'une société littéraire. — Maisnel fils, 1820, in 12.

B. d'Aubin Normand.

351. Des moyens proposés comme préservatifs de la peste et de la fièvre jaune, par Lapostolle. — Amiens, 1821, in-8°.

352. Sentences de l'amour divin pour chaque jour du mois, suivies de la pratique pour honorer le Saint Suaire de N.-S. Jésus-Christ. — Caron-Berquier, 1823, in-32, fig.

353. La Science cabalistique, ou l'art de connaître les bons génies qui influent sur les destinées des hommes ; avec l'explication de leurs talismans et caractères mystérieux, et la véritable manière de les composer, etc., par Lenain (Lazare.) — De l'imprimerie de Maisnel, 1823, VII et 153 pages in-8°.

Livre rare et curieux.

La sphère cabalistique qui devait être gravée et jointe à l'ouvrage n'a pas été gravée. L'auteur la possède encore manuscrite.

353 *bis*. Offices propres de la paroisse de St-Denis, du bourg d'Airaines. — Maisnel fils ,1823, in-8° de 384 pages.

B. de M. De Caudavâine.

354. Explication du Catéchisme, par M. Voclin. — Ledien-Canda , rue des Sergents , 16.

355. Petit Graduel à l'usage d'Amiens. — Caron-Duquenne , in-8°.

355 *bis*. Petit Antiphonier noté en plain-chant, imp. avec autor. de Mg^r de Chabons.— Ledien-Canda , rue des sergents, 16 , in-8°.

356. Jurisprudence de la Cour royale d'Amiens, ou recueil des arrêts rendus par cette Cour sur les questions les plus importantes en matière civile, commerciale et criminelle (par M. Bourguet). — Ledien-Canda , imp.-édit., rue des Sergents, 16, 1824, in-8°.

357. Éloge historique de M. Delambre, par Vulfran Warmé. — Caron-Duquenne.

Cet éloge a obtenu l'accessit et une médaille d'or au concours de l'Académie d'Amiens.

358. Du temps vrai et du temps moyen , précédé d'un abrégé de l'histoire de l'horlogerie, par Bienaimé-Fournier, horloger breveté du Roi pour un métronome perfectionné. — Ledien-Canda, 1824, in-16.

Le précis historique qui précède ce mince opuscule contient d'excellents renseignements. Cette première partie comprend 16 p. et la seconde, composée de tableaux, en contient 12.

358 *bis*. Notice sur la ville d'Amiens , ou description sommaire des rues, places, édifices et monuments les plus remarquables de cette ville, etc., par H., D. (Dusevel) et R. M. (Raoul Machart.) — Auguste Caron , 1825, 122 p. in-8°.

359. Tableau des distances de chaque commune aux chefs-lieux du canton, de l'arrondissement et du département de la Somme. Dressé en exécution du règlement de 1811. — Caron-Berquier, rue des Sergents, 52, imp. de la Cour royale et de la Mairie, 1825 , in-4° de 33 p.

360. Derniers moments de Jean-François-Isidore Froment, né à

Boulogne-sur-Mer, condamné à la peine de mort par la cour d'assises de la Somme et exécuté le 10 décembre 1825. — Caron-Vitet, 1825, 4 p. in-8°.

361. Inauguration du canal du duc d'Angoûléme, à Amiens, faite le 31 août 1825, par Son Altesse Royale Mme la duchesse de Berry. — Caron-Vitet, 1825, in-f°.

362. Démonstration des grandes vérités de la religion chrétienne d'un père à son fils, par Fr. Dupuis, jurisconsulte à Amiens. — 1825, Aug. Caron, in-8°.

363. Traité des parafoudres et des paragrêles en cordes de paille, par Lapostolle. — Caron-Vitet, 1826, in-8°.

364. Notice historique sur l'abbaye de St.-Riquier (par l'abbé Padé, d'Amiens). — Ledien-Canda, in-8°, pl.

365. Canal du duc d'Angoûléme (traversée d'Abbeville). Observations prescrites aux ponts-et-chaussées. — Caron-Vitet, s. d. (1826), 7 p. in-4°.

366. Annuaire statistique du département de la Somme pour 1826, publié par souscription, par Binet fils. — 1826, Caron-Duquenne, in-8°.

367. Annuaire du Commerce du département de la Somme, pour 1826, par Binet, fils, aîné. — Amiens, s. d., Caron-Isnard, in-8°.

368. Office propre de S^t.-Georges, martyr, solennel 23 avril, par M. Louis-Antoine Duval, prêtre, etc., et curé de la paroisse de S^t.-Georges d'Abbeville. — Amiens, Caron-Isnard. 1826, 72 p. in-12.

369. Processionale ambianense, il rev. de Chabons. — Ambiani, Caron-Duquenne, in-8°, imp. du Roi, de l'évêché et de la mairie.

370. Notice historique sur l'Abbaye de S^t.-Riquier, présentée à Mg^r. Chabons, évêque d'Amiens. — 1826, in-8° de 35 p. Ledien-Canda, rue des Sergents, imp. de la Préfecture, de la mairie et du petit Séminaire de S^t.-Acheul.

371. Discours prononcé par M. le Procureur général (M. Morgan),

à la rentrée de la Cour royale d'Amiens, le 5 novembre 1827, in-4°. — Caron-Isnard, imp. de son alt. royale Mme la duchesse de Berry.

B. de M. Dusevel.

372. Réception du Roi (Charles X), et de Mg^r le Dauphin, dans la ville d'Amiens. — Machart, 1827, in-4°.

373. Catalogue des tableaux exposés par les artistes et amateurs de la ville d'Amiens, au profit de la caisse des travaux de charité. — 1827, in-8°, R. Machart.

374. Notice sur la vie de Victor Petit, voleur, écrite par lui-même, dans laquelle il raconte les ruses dont il s'est servi pour voler, s'évader, etc., avec une chanson. — De l'imp. de Caron-Vitet, rue S^t.-Martin, 8 p. in-8°.

375. Lettres sur le département de la Somme, par H. Dusevel. — Imp. de Raoul Machart, in-12.

Une 2me édition, augmentée d'un grand nombre de documents nouveaux, a été donnée en 1840, et imprimée chez Caron-Vitet, format in-8°.

376. Voyage du Roi au camp de S^t.-Omer, poème couronné par l'Académie d'Amiens le 25 août 1828, par Alex. Bouthors. — 1828, Boudon-Caron, in-4°.

377. Spécimen des divers caractères et lettres de deux points de l'imprimerie de J. Boudon-Caron. — Amiens, 1828, in-8°.

378. Discours pour l'inauguration de l'Hôpital des Incurables, prononcé à l'église cathédrale (d'Amiens), le 13 décembre 1829, par M. Léraillé. — De l'imprimerie de Caron-Vitet, en caractères de sa fonderie. Décembre 1829, 16 p. in-8°.

379. Le siége d'Amiens, roman historique du xvie siècle, par M. E. (Machart). — 1830, R. Machart, 4 vol. in-12.

380. Catalogue de la bibliothèque choisie. — Ledien, fils, 1830, 24 p. in-18.

Cette bibliothèque existait à l'évêché, elle avait été formée au moyen de dons volontaires.

381. Notice historique et descriptive de l'église cathédrale de Notre-Dame d'Amiens, par M. H. Dusevel. — Caron-Vitet, in-8°.

> 3ᵐᵉ édition, chez Caron et Lambert, in-8°. pl. 1853.

382. Statistique botanique, ou flore du Département de la Somme et des environs de Paris, description de toutes les plantes qui y croissent spontanément, distribuées suivant la méthode naturelle, d'une part et le système de Linnée, de l'autre, etc., par Ch. Pauquy. — 1831, R. Machart, in-8°.

> Se vend de 3 à 5 fr.

383. Mémoire sur les anciens monuments de l'arrondissement de Doullens, couronné par l'Acad. de la Somme, par Eug. Dusevel. — In-8° pl.

383 *bis*. Monuments anciens et modernes de la ville d'Amiens, dessinés par MM. Duthoit frères et décrits par M. H. D. (Hyacinthe Dusevel), de la Société des Antiquaires de France. — R. Machart. 1831-43.

> Cet ouvrage a d'abord paru dans le journal le *Glaneur*, et il en a été fait un tirage à part contenant, outre le texte descriptif, 77 lithographies de Leprince, Laroche, Delaporte, etc. Les exemplaires qui en proviennent ne se rencontrent que très-rarement complets.
>
> Douze exemplaires seulement ont été tirés sur grand papier.

384. Du choléra-morbus, intendance sanitaire du département de la Somme. — 1832, Boudon-Caron, in-8°.

B. d'Amiens.

385. Notice sur une feuille de diptyque d'ivoire, représentant le baptême de Clovis, par J.-R. (Rigollot). — 1832, Boudon-Caron, in-8°, pl. lithog., par A. Le Prince.

386. Dissertation sur l'emplacement du champ de bataille où César défit l'armée des nervii et de leurs alliées, par M. de C. (de Cayrol). — Machart, in-8°.

387. Chorographie de l'ancienne Picardie, mélanges archéologiques, (par J.-B.-A. Ledieu d'Amiens),

Ouvrage en 4 parties, auquel le prospectus qui est fort rare ajoute de la valeur.

Se vend 8 à 10 fr. et même 12 fr. avec le prospectus.

388. Histoire de la ville d'Amiens, par M. H. Dusevel. — R. Machart, 2 vol. in-8°, fig.

Une nouvelle édition, notablement augmentée, en un vol., a paru en 1848, chez Caron et Lambert.

389. Description historique de l'église cathédrale de Notre-Dame d'Amiens, ornée de 5 planches, par A.-P.-M. Gilbert. — Caron-Vitet, in-8°.

390. Collection complète des oiseaux d'Europe, dessinés et coloriés d'après nature, par E. Swagers, lith. de A. Le Prince. — 1833, R. Machart, in-4°, inachevé.

391. Essai sur l'enseignement élémentaire du dessin, par MM. H. Th. et John Hunziker, maître de dessin à Amiens. — Machart, 1834, in-4°, pl.

392. Exposé des faits relatifs à la nomination du commissaire de police qui a remplacé M. Monmert à Amiens. — Raoul Machart, 27 p. in-8°.

393. Réponse au mémoire de M. Boistel-Duroyer, touchant l'affaire d'un commissaire de police, par M. Ch. Dunoyer, Préfet de la Somme.— Raoul Machart, 1835, 15 p. in-8° et un avertissement qui a son intérêt, sur le verso de la couverture.

394. M. Boistel-Duroyer à ses concitoyens. 19 p. in-8°.

395. Analyse des délibérations prises par le Conseil général du département de la Somme. — R. Machart, 1835 et années suiv.

396. Mémoires de l'Académie des sciences, agriculture, commerce, belles-lettres et arts du département de la Somme.— R. Machart, 1835 et années suiv., in-8°.

Les mémoires de l'Académie se tirent actuellement à 250 exemplaires. Les tirages à part varient de 50 à 200.

397. Biographie des hommes célèbres, des savants, des artistes et

des littérateurs du département de la Somme (par Dusevel). —
Machart, 2 vol. in-8°.

398. Statuts de la Société philharmonique de la ville d'Amiens. —
Boudon-Caron, in-8°.

399. Statuts de la Société des amis des arts du département de la
Somme. — Boudon-Caron, 1836, 15 pages in-8°.

> Ces statuts ont été modifiés en 1837, en 1845 et en 1861.
> Cette société a publié depuis 1837 les catalogues de ses expo-
> sitions de peinture et sculpture, lesquels ont été imprimés chez
> Ledien et Yvert.

400. Description historique et pittoresque du département de la
Somme, ornée de lithographies et suivie d'une biographie des
hommes célèbres de ce Département, — par Dusevel et Scribe.
— Ledien fils, 1836, 2 vol. in-8°.

401. Histoire du vaccin découvert à Amiens en 1836, par V. Autier.
— Ledien fils, 1836, in-8°.

401bis. Opuscule sur les maladies vénériennes. 1835, in-8°.

402. Catalogue des plantes du jardin botanique d'Amiens, classées
d'après le système de Jussieu (par Ch. Duflot, conservateur). —
1836, R. Machart, in-8°.

403. Esquisses parlementaires et politiques, satyres, épîtres, etc.,
insérées dans la Gazette de Picardie, du mois de novembre 1832 à
la fin de 1835, par E. Yvert. — Caron-Vitet, 1836, in-8°.

403bis. Esquisses parlementaires et politiques, 1836-37, par E.
Yvert. — Caron-Vitet, 1837, in-8°.

404. Descarnado ou Paris à vol de diable, par A. M. Darsigny
(Auguste Machart). — 1837, R. Machart, 2 vol. in-8°.

405. Annuaire politique du département de la Somme pour 1837,
par A. Vast. — R. Machart, in-8°.

406. Rapport à M. le Ministre de la justice et des cultes sur les principales églises du département de la Somme, par H. Dusevel. —
Caron-Vitet, 1837, 48 p. in-12.

407. Biographie des hommes célèbres, des savants, des artistes et des littérateurs du département de la Somme (par Dusevel). — R. Machart, 1837, 2 vol. in-8°, fig.

408. Essai sur la vie et les ouvrages du P. Daire, par M. de Cayrol, avec les épîtres farcies telles qu'on les chantait dans les églises d'Amiens au xiiie siècle ; publiés pour la première fois par M. J. R. (Rigollot). — Caron-Vitet, in-8°. — Rare.

409. Application de l'harmonie au recouvrement des contributions. Caron-Vitet, 1838, in-16.

B. de M. Vast.

410. Notice sur l'ancienne communauté des Augustins d'Amiens, par F. Guerard. — Ledien fils, 1838, 66 pages in-8°.

410 *bis*. Description des monuments les plus curieux anciens et modernes de la Picardie, par Lombart, archit.— Caron-Vitet, 1838.

La mort de l'auteur a empêché la continuation de cet ouvrage intéressant et rare. 96 pages seulement ont été imprimées in-8°.

411. Mémoires de la Société des Antiquaires de Picardie. In-8°, pl. lith. et gravures.

Cette société a été créée et autorisée par arrêté du Ministre de l'Intérieur, du 9 avril 1836, sous le titre de Société d'archéologie du département de la Somme, titre remplacé, avec l'autorisation du Ministre de l'Instruction publique, le 5 février 1839, par celui de Société des Antiquaires de Picardie. — Le premier volume est intitulé : Mémoires de la Société d'Archéologie, etc. ; il a été imprimé, ainsi que le second, chez Ledien fils, 1838-39 ; les 3e et 4e chez Alf. Caron ; les suivants, à partir de 1842, chez Duval et Herment, Herment seul, Ve Herment et Lemer aîné. Le supplément au t. IV a été publié sous un format un peu plus grand.

Un certain nombre de volumes sont entièrement épuisés, et la collection complète jusqu'à ce jour est assez recherchée ; elle se vend jusqu'à 150 fr.

Les mémoires sont actuellement tirés à 350 exemplaires et les bulletins à 400. Les tirages à part varient de 50 à 200. — A partir de 1861, les mémoires et les bulletins seront imprimés en caractères neufs et sur plus beau papier.

412. Observations sur un bas-relief de la cathédrale d'Amiens, par

Obry ; extrait des mémoires de l'Académie de la Somme. — 1839, Raoul Machart, in-8°.

413. Budget départemental du département de la Somme. — 1839 et suiv., Duval et Herment.

414. Pouillé des manuscrits composant la collection de Dom Grenier sur la Picardie, à la bibliothèque du Roi, par Ch. Dufour. — Ledien, 1839, in-8°.

415. Essai sur l'origine des villes de Picardie, précédé de recherches historiques sur le nom et l'étendue successive de cette ancienne province, par L. A. Labourt. — Alf. Caron, in-8°.

416. Breviarium Ambianense ill. et rev. D. J. M. Mioland Ambianensis episc. auctoritate, nec non et venerabilis ecclesiæ cathedralis capituli consens. edit. — Ambiani ex typis, Caron-Vitet, 1840, 4 vol. in-12. ·

> Ce bréviaire, conforme au rit romain, ayant donné lieu à quelques murmures parmi le clergé et les fidèles, Mgr Mioland s'est empressé d'en ordonner la destruction pour ne pas troubler les anciennes habitudes du diocèse ; on en revint au bréviaire de 1746, qui fut maintenu, ainsi que tous les livres de liturgie jusqu'à l'adoption définitive de la liturgie romaine par toutes les églises de France.

> Les bréviaires de 1840 sont devenus très-rares, car c'est à peine si l'impression en était achevée lorsque la destruction en a été ordonnée.

417. Histoire des comtes d'Amiens, par Ch. Dufresne, sr du Cange. Duval et Herment, in-8°,

418. Description sommaire du département de la Somme. Caron-Vitet, 1840, in-18 de 71 pages, avec cette épigraphe sur le titre : « Mon pays avant tout. »

> L'auteur est T. Desmarest.

419. Lettres inédites de Mlle Philippon (Mme Roland), adressées aux demoiselles Canet, de 1772 à 1780, publiées par A. Breuil. 2 vol. in-8°. — E. Yvert, 1841. — Ouv. rare.

B. de M. Breuil.

420. Notice sur une découverte de monnaies picardes du xie siècle, recueillies et décrites par Fernand Mallet et le docteur Rigollot (extrait des *Mém. de la Soc. des Ant. de Picardie*). — Alf. Caron, in-8° pl.

421. Une visite à la cathédrale d'Amiens, par M. E. D. (Eugène Dusevel). — 1841, in-12 , Lenoel-Hérouart.

422. Archives de Picardie (hist. litt. et beaux-arts), (Recueil publié par H. Dusevel, de la Fons de Mélicocq, et Goze).— 1841, Yvert. 1842, Caron-Vitet. 2 vol. in-8° fig.

423. Archives historiques et ecclésiastiques de la Picardie et de l'Artois, publiées par P. Roger. — 1842 , Duval et Herment, 2 vol. in-8° pl.

424. Notice sur l'église de Namps-au-Val, par J. Garnier. — 1842, Duval et Herment, in-8° et 4 pl.

425. Notice sur le prétendu Temple romain de St-Georges-lès-Roye, par l'abbé J. Corblet. — Duval et Herment, in-8°.

426. Mémoire liturgique sur les ciboires du moyen-âge, par l'abbé J. Corblet. — Duval et Herment , 1842, in-8° pl.

427. Familles illustres de Picardie , par Goze. — Amiens , Caron-Vitet, 16 p. in-8°.
Extrait des Archives de Picardie de 1842.

428. Leçons de physique à l'usage des colléges, par F. C. H. Pollet. — Lenoel-Hérouart, 1842-43, 2 vol. in-8° et atlas.
Ouvrage estimé.

429. Esquisse géologique du département de la Somme, par Buteux. — 1843 , Duval et Herment, in-8° pl.

430. Noblesse et chevalerie du Comté de Flandre, d'Artois et de Picardie, par Roger.— Duval et Herment, 1843, grand in-8° pl.
Prix neuf 12 fr., lorsque les planches s'y trouvent.

431. Abrégé de l'Écriture sainte, tiré de l'ancien et du nouveau Testament, fondation de l'Église chrétienne, établissement formé suivant la théologie romaine qui commença son influence dans

12.

l'Église chrétienne , environ quatre cents ans après Jésus-Christ ,
par Remy-Prosper Dizengremel. — Amiens, imp. E. Yvert, rue
des Sergents , 32 , 1843 , un vol. in-12 de 190 pages.

> L'auteur est picard ; il est né à Blancfossé (Oise), et est devenu
> pasteur en Amérique ; son ouvrage a été écrit pour ses parois-
> siens et est très-rare, pour ne pas dire introuvable , dans notre
> pays.   **B. de G. Rembault.**

432. Les stalles de la cathédrale d'Amiens , par MM. Jourdain et
Duval. — Duval et Herment , 1843, in-8° pl.

> Cet ouvrage est entièrement épuisé. Son prix était de 12 fr., il
> est bien supérieur aujourd'hui.

432 *bis*. Catalogue descriptif et raisonné des manuscrits de la Bibliothèque communale de la ville d'Amiens, par M. Garnier.— Duval
et Herment, in-8°.

433. Le portail St.-Honoré, dit *de la Vierge dorée* de la cathédrale
d'Amiens , par Jourdain et Duval. — Duval et Herment, 1844 ,
in-8°.

> Épuisé et rare. 4 à 5 fr.

434. Église St. Martin de Doullens, par Eug. Dusevel.— Al. Caron,
1844 , in-8° pl.

435. Description des églises de Roye , par l'abbé J. Corblet. —
Duval et Herment, in-8°.

436. Bibliothèque historique, monumentale, ecclésiastique et littéraire de la Picardie et de l'Artois, publiée par P. Roger et autres.
— 1844 , Duval et Herment, grand in-8°.

437. Essai hist. sur la vie et les ouvrages de Gresset , par de Cayrol.
— Caron-Vitet , 2 vol. in-8° port.

438. Réflexions de Timon Minimus , sur quelques pamplets modernes et principalement sur le feuilleton du journal *le Siècle*, n° du
2 mars 1845 , dédiées aux personnes jalouses de conserver leurs
biens et leur tête , poésie. — Amiens, E. Yvert , 1845.

B. de G. Rembault.

439. Château, terre et seigneurie de Thoix , notice historique par

M. A. Gabriel Rembault. — Typographie d'Alfred Caron, Galerie du Commerce, 13 et 14. Août 1845, grand in-8. de 32 p., avec une lithographie du château.

440. Quelques détails sur les églises de la Somme, accompagnées du récit de l'inauguration du temple d'Amiens et suivis des discours prononcés à cette occasion, par MM. les pasteurs Grandpierre et Valette, de Paris. Se vend au profit de l'église évangélique d'Amiens. — 1845, Amiens, impr. de E. Yvert, 32, rue des Sergents.

B. de G. Rembault.

441. Contremine, par M. Aimé Paris. — 16 p. in-8''. s. d. (1845), E. Yvert.

M. Paris, sténographe et professeur de mnémonotechnie expose, dans cette brochure, les témoignages de sympathie qu'il a reçus et qui prouvent ses succès. Il donne la liste en 41 articles des présents de toutes sortes qui lui ont été faits en services d'argenteries, bijoux, porcelaines de sèvres, bronzes et autres objets artistiques. C'est ce qu'il appele ses *témoins*, ses *titres* et ses états de *services*; c'est la contremine qu'il oppose à ceux qui, pendant un quart de siècle, dit-il, ont mis en circulation des idées inexactes sur sa méthode d'enseignement.

442. Notre-Dame du Hamel, légende picarde, par G. Rembault. — Al. Caron, 1845, brochure tirée seulement à 20 exempl.

443. Rapport à M. le Préfet (de la Somme), sur les monuments historiques de ce Département, par H. Dusevel. — Duval et Hermont, 1846, 16 p. in-4°.

A la fin se trouve la liste de tous les monuments historiques.

444. Description historique de l'église de l'ancienne abbaye royale de St.-Riquier en Ponthieu, suivie d'une notice historique et descriptive de l'église de St.-Vulfranc d'Abbeville, par A.-P.-M. Gilbert. — 1846, Caron-Vitet, in-8°, pl,

445. Églises, châteaux, beffrois et Hôtels-de-Ville les plus remarquables de la Picardie et de l'Artois. Texte, par MM. H. Dusevel, A. Goze, de la Fons, baron de Mélicocq et Gabriel Rembault. Dessins de MM. Duthoit, Letellier, Hugot, Lebel, Beaudouin, Pinsard, Al. Graux, etc. — Al. Caron, 1846-49, 2 vol. in-8°. pl.

Cet ouvrage comprend 30 notices avec des paginations particulières qui ont été publiées séparément et réunies ensuite sous ce titre commun, par une introduction et une table.

446. Les sibylles, peintures murales de la cathédrale d'Amiens, découvertes et expliquées par Jourdain et Duval. — Amiens, Duval et Herment, 1846, 31 p. in-8°, avec planches.

447. Promenades au cimetière de la Madeleine, précédées d'un précis historique, par Stéphane C. (Comte). — Duval et Herment, 1847, in-12, pl.

448. Nouvelle Description de la cathédrale d'Amiens, par A. Goze, suivie des descriptions du beffroi et de l'Hôtel-de-Ville, par H. Dusevel. — Al. Caron, 1847, grand in-8°, avec lithog. de Ch. Hugot.

449. Mémoire adressé à l'Institut, par M. Andrieu, membre de l'Académie, professeur de l'école de médecine et du muséum de la ville d'Amiens, etc. — Amiens, typ. E. Yvert, 1847.

B. de G. Rembault.

450. Les clôtures du chœur de la cathédrale d'Amiens, par MM. Jourdain et Duval.

451. Notice sur le château, l'église et les anciens seigneurs de Renansart, par H. Dusevel. — 1848, Al. Caron, in-8°.

452. La Picarde, chant national, dédiée à tous les hommes libres, air de la Marseillaise, par Lazare-Lenain, Amiens le 24 février 1848. — E. Yvert, 3 p. in-8°.

453. Une rencontre, dialogue historique. La scène se passe à Amiens sur la place St.-Denis. — Amiens, imp. de E. Yvert, mai 1848.

2me rencontre, imprimée même année.

454. Le journal de l'Actionnaire, comédie. — Amiens, imp. de E. Yvert, juillet 1848.

455. Émancipation et affranchissement de la propriété, par Debaussaux. — Yvert, 10 mars 1848, 2 p. in-4°.

456. Catalogue du Musée départemental et communal d'antiquités, fondé à Amiens en 1836 par la Société des Antiquaires de Picardie. — Duval et Herment, 1848, 130 p. in-8°.

457. Satires républicaines, par E. Becquerelle. — Al. Caron, 1848-49, in-8°.

458. Quelques mots sur la nature et le traitement du choléra, par Amédée Follet. — 1849, Al. Caron, in-12.

B. d'Amiens.

459. Description historique de l'église et des ruines du château de Folleville (Somme), par Ch. Bazin. — Duval et Herment, in-8°, pl.

460. Notice sur la vie et les travaux de Charles Du Cange, par M. Cotelle. — Alf. Caron, 15 p. in-8° avec un dessin de la statue érigée à Amiens, place St.-Denis, le 19 août 1849.

461. Le Département de la Somme, ses monuments anciens et modernes, ses grands hommes et ses souvenirs historiques, ouvrage illustré de dessins par L. Duthoit, texte par H. Dusevel. — Amiens, 1849-55, Caron et Lambert, in-8°.

462. Actes de l'Église d'Amiens, recueil de tous les documents relatifs à la discipline du diocèse, de l'an 811 à l'an 1849, avec une notice sur tous les évêques d'Amiens, publié par Mgr Jean-Marie Mioland, évêque d'Amiens. — Amiens, Caron et Lambert, 1849, 2 vol. in-8°.

463. Catalogue de l'œuvre de Léonard de Vinci, par le docteur Rigollot. — Caron et Lambert, 112 p. in-8° front.

464. Notice sur l'église, le château et la seigneurie de Conty, par A.-G. Rembault. — Al. Caron, 1849, 115 p. grand in-8°, avec une vue de l'église de Conty, lithographiée par Hugot. Tirage à part des églises, châteaux, etc.

Cette notice exacte et remplie de savantes recherches, contient une chronologie complète des seigneurs de Conty.

465. La situation (politique), par Victor de Nouvion, rédacteur en chef du *Courrier de la Somme*. — Alf. Caron, 1850, in-8° de 100 pages.

466. Château de Hénencourt, par A. Goze. — Alf. Caron, in-8°, 2 pl.

467. Mémoire sur les écoliers de la nation picarde à l'Université d'Orléans, et sur la Maille d'or de Florence, par M. C. Bimbenet, greffier en chef de la cour d'appel d'Orléans.—Duval et Herment, 1850, 86 p. in-8°.

> Extrait du tome x des *Mémoires de la Société des Antiquaires de Picardie*, et tiré à 25 exemplaires.

468. Inauguration de la statue de Gresset, 21 juillet 1841. Procès-verbal et discours. — Duval et Herment, 1851, 53 p. in-8°.

469. Notice historique sur la milice amiénoise, par A. Janvier. — 1851, 74 p. in-8°.

470. Notice sur diverses localités du département de la Somme, par A. Guilmeth. — Alf. Caron, grand in-8°.

> Cette publication n'a pas été achevée. Elle ne comprend que : le bourg d'Ault, Hornoy, Ailly-sur-Noye.
> Un autre titre porte : Histoire cantonale de la Picardie, etc., et comprend un plus grand nombre de cantons.

471. Glossaire étymologique et comparatif du patois-picard ancien et moderne, précédé de recherches philologiques et littéraires sur ce dialecte, par l'abbé Jules Corblet (ouvrage couronné par la Soc. des Ant. de Picardie). — Amiens, Duval et Herment, 1851, in-8°.

> Épuisé dans le commerce.

472. Recherches historiques sur la ville de Clermont (Oise), une fête au commencement du XVIIᵉ siècle.—1851, Duval et Herment, in-8°.

473. Société des courses d'Amiens. Règlement. — Duval et Herment, 1852, 16 p. in-8°.

> On y trouve la liste des souscripteurs.

474. Notice Encylographique sur Airaines, par A. Machy. — Alf. Caron, in-8°.

475. Annuaire administratif et historique de la Somme pour 1852-53, par la Société des Antiquaires de Picardie. — 1852, Duval et Herment, in-8°.

476. Géographie physique et politique de l'Europe, 1re partie, France, par Fél. Brayer. — Alf. Caron, in-8º.

> Il n'a paru que cette partie.

477. Revue de la foire d'Amiens, chanson par Hackmer. — Alf. Caron.

478. Mes souvenirs (poésies par M. Romain-Leroy, ancien magistrat). — Yvert, 1852, 127 p. in-8º.

> On y trouve des vers sur Compiègne, Mailly, Paillart et autres villes de Picardie, sur l'inauguration de la statue de Gresset, sur Mlle X***, etc.

479. Notice sur les eaux minérales terrifères de Fontaine-Bonneleau (Oise), par C. M. Majot, médecin, à La Vacquerie (Oise). — Amiens, Alfred Caron, 1852.

480. Pierre-l'Hermite et les croisades, ou la civilisation chrétienne au moyen-âge, par Michel Vion. — Amiens, 1853, in-12.

481. Notice historique sur le Congrès d'Amiens, par Ch. Dufour. — Amiens, Duval et Herment, 1853, in-8º, 27 pages.

482. Rapport présenté par M. Ch. Dufour sur le Catalogue analytique et raisonné des manuscrits conservés à la Bibliothèque nationale, qui concernent l'histoire de Picardie. — Amiens, Duval et Herment, 1853, in-8º, 11 pages.

483. Chemin de fer de Rouen à St.-Quentin, par Amiens, Poix, Aumale et Neufchâtel. Observations de M. Gaulthier de Rumilly, remises le 13 août 1853 pour être annexées au procès-verbal de l'enquête ouverte sur l'avant-projet. — Amiens, typ. E. Yvert, rue Sire-Firmin-Leroux, 24, 1853.

484. Société des Antiquaires de Picardie. Délibération du 23 décembre 1852, concernant les travaux de la cathédrale d'Amiens. — Duval et Herment, 1853, 36 p. in-8º.

485. Réponse à MM. les Antiquaires, par M. Charles Berton, vicaire. — Alf. Caron, 1853, 39 p. in-8º.

> Au sujet des travaux de la cathédrale.

486. Observations sur la délibération de la Société des Antiquaires de Picardie, en date du 23 décembre 1852, concernant les travaux de la cathédrale d'Amiens, par A. Goze. — Alfred Caron, 1853, 15 pages in-8°.

487. Vies des saints Fuscien et Victoric, apôtres de la Morinie et de la Picardie, et Gentien, leur hôte, martyrs, et de saint Evrols, premier abbé de St.-Fuscien; par Charles Salmon. — Yvert, 1853, in-18.

488. Catalogues méthodiques de la Bibliothèque communale de la ville d'Amiens, par M. Garnier. — Duval et Herment : 1853, médecine ; 1854, belles-lettres ; 1856 et 57, histoire ; 1859, sciences et arts, in-8°.

489. Translation à Amiens des reliques de sainte Theudosie, le 12 octobre 1853. Dithyrambe, par Félix Rembault. — Amiens, typogr. d'Alfred Caron, rue des Trois-Cailloux, 1853.

490. Cathédrale d'Amiens. Description de la chapelle de Ste-Theudosie, par M. A. D. (Adolphe Dutilleux). — Alf. Caron, in-8°.

491. Les enceintes successives d'Amiens, par Goze. — Alf. Caron, in-12.

492. Histoire des rues d'Amiens, par Goze. — Alf. Caron, 1854, in-12. 3 vol. sont parus.

493. Molière et les médecins, lecture faite à l'Académie d'Amiens, par M. Alexandre, docteur-médecin. — Duval et Herment, 1854, 33 pages in-8°.

494. L'église St.-Germain, par l'abbé J. Corblet. — 1854, Yvert, in-8°.

495. Bibliothèque picarde. La Bête Canteraine, légende picarde, par A. Labourt. — (1854), Alf. Caron, in-8°, pl.

496. Gamaches et ses seigneurs, par F. I. Darsy. — Duval et Herment, 1854, in-8°, pl.

497. Notice sur Notre-Dame de St.-Acheul, ancienne cathédrale d'Amiens. — 1854, Caron et Lambert, in-18.

498. Lettres archéologiques sur le canton de Lucheux, adressées à

M. le duc de Luynes, par M. A. Labourt. — Duval et Herment, in-8°.

499. Notice sur Pierre-l'Hermite, par un membre de la Société des Antiquaires de Picardie (A. Dutilleux).— Lenoël-Hérouart, in-12.

500. Note sur la découverte d'un four de potier et de fragments de vases gallo-romains, dans la rue Belle-Vue, à Amiens, par M. Magdelaine. — Duval et Herment, 8 p. in-8° et une planche.

501. Notices et extraits des documents manuscrits conservés dans les dépôts publics de Paris et relatifs à l'histoire de la Picardie, par M. Hip. Cocheris. — Typog. Duval et Herment, in-8°.

> Quatre volumes sont parus de cet excellent ouvrage, qui a été couronné par la Société des Antiquaires de Picardie, en 1852.

502. Programme du concours pour la construction du Musée Napoléon, à Amiens. — Caron et Lambert, 1853, 16 pages in-8° avec plan.

503. Construction du Musée Napoléon. Rapport de M. Allou, fait au nom de la Commission chargée d'examiner la demande de la Société des Antiquaires de Picardie, et observations de M. Porion. — Yvert, 1854, 15 pages in-4°.

504. Réponse aux observations présentées au Conseil municipal, à la suite du rapport fait dans la séance du 4 novembre 1854, signé Ch. Dufour et A. Bouthors. — Duval et Herment, 1854, 14 pages in-8°.

505. Musée Napoléon. Pose de la première pierre, par M. le comte de Beaumont, sénateur, délégué de l'Empereur. Procès-verbal.— Duval et Herment, 1855, 16 pages in-4°.

506. Notice sur les anciennes corporations d'archers, d'arbalétriers, de couleuvriniers et d'arquebusiers des villes de Picardie, par A. Janvier. — Duval et Herment, 1855, in-8° de 248 pages.

507. Mémoire sur des instruments en silex trouvés à St.-Acheul, près d'Amiens, et considérés sous les rapports géologique et archéologique, par le docteur Rigollot. — Duval et Herment, in-8°, pl.

> Épuisé et devenu rare.

508. Notice sur l'église, la commune et les seigneurs d'Harbonnières, par A. Goze. — Alf. Caron , 1855, 34 pages in-12.

509. Observations sur l'emplacement d'une nouvelle église au faubourg de Beauvais. — Alf. Caron, 1855, in-8°.

510. Vie de sainte Colette, par le P. Sellier, jésuite. — Alf. Caron, 1855, 2 vol. in-12.

511. L'hôtel-de-ville d'Amiens. Projet d'agrandissement et de dégagement. Observations soumises au Corps municipal, par Edouard Paris. — Alf. Caron , 1855, in-8°, pl.

512. Obsèques du docteur Rigollot, décédé à Amiens le 29 décembre 1855 ; discours divers, suivis d'une notice biographique, par G. Rembault. — Typog. de L. Challier, 16 p. in-8°.

513. Notice iconographique, par M. l'abbé Alfred Normand, sur un manuscrit sur velin, exécuté par Aubin Normand , artiste peintre à Amiens. — Alfred Caron, 14 pages in-8°, non compris le titre.

     Le manuscrit qui fait l'objet de cette notice a été mis en loterie et gagné par M. Boullet.

514. Saint Martin à Amiens (337), vers par M. A. Breuil. — Duval et Herment, 1855, in-8°, 11 pages.

515. Programme des fêtes qui seront célébrées à Amiens , les 20 et 21 juillet 1851, pour l'inauguration de la statue en marbre de Gresset. Cavalcade, courses de chevaux, fête nautique.— Amiens, imp. de E. Yvert, rue Sire-Firmin-Leroux , 24.

516. Notice sur Antoine de Caulaincourt , official de Corbie (1521-40), par J. Garnier. — Duval et Herment, in-8°.

517. Projet d'élever une statue à Godefroy de Bouillon, sur la place de l'hôtel-de-ville de Boulogne-sur-Mer, par M. A. de Poucques d'Herbinghem. — Amiens , Duval et Herment , 24 p. in-8°.

518. Notice sur la fête de l'arquebuse à St.-Quentin en 1774 , par Ch. Gomart. — Duval et Herment , 1856, in-8°, pl.

519. Visite à la cathédrale d'Amiens ; nouvelle édition entièrement refondue et rédigée d'après les renseignements les plus authen-

tiques, par un membre de la Société des Antiquaires de Picardie (l'abbé Roze). — 1856, Lenoël-Hérouart, in-8°, fig.

520. Almanach vinicole pour 1856, publié par la Société œnophile du Nord, dont le siége est à Amiens. (par G. de St.-Maur). — Typog. de Caron et Lambert, in-16 de 136 pages, fig.

> Cet almanach n'a paru qu'en 1856 ; il contient une histoire du vin et plusieurs articles sur la falsification, les soins à donner, etc.

521. Ephémérides Pohières, ou tablettes historiques du canton de Poix, recueillies par Pouillet. — Duval et Herment, 1856, 87 pages in-8°.

> La couverture porte le titre de : *Calendrier du canton de Poix.*

522. Notice de livres à figures et autres, dépendant de la succession de M. Fusillier, professeur de l'école communale de dessin. (Vente le 14 février 1856, Me Pouy, commissaire-priseur). — in-8°, Alf. Caron.

523. Résultat du concours pour la construction de trois églises (St.-Honoré, St.-Pierre et Longpré). — Alf. Caron, 1856, in-8°, pl.

524. Le quartier St.-Leu, son passé, son avenir, par Louis Fée.— Amiens, Yvert, 1856, in-8°, 68 pages avec cette épigraphe : AU PROGRÈS.

> Cette brochure est la première écrite en faveur et à l'occasion du projet de la rue Centrale ; elle a été suivie d'une foule d'articles de journaux et d'écrits en prose et en vers, lancés avec ardeur pour ou contre l'entreprise. Plus tard ces écrits pourront être recherchés par ceux qui seront curieux de connaître toutes les pièces de ce grand procès, comme sont aujourd'hui recherchées les pièces relatives au percement du canal de la Somme, cette voie nautique qui, elle aussi dans son temps, a fortement passionné ses partisans et ses adversaires. La rue Centrale serait établie dans le sens de la rectification qui était généralement désirée pour le canal.

525. Manuscrits de Pagès, marchand d'Amiens, publiés par Louis Douchet. — Alf. Caron, 1856 et suiv., in-12 ; 4 vol. sont parus.

526. Notice sur les halles de la ville d'Amiens, par deux membres

de la Société des Antiquaires de Picardie (MM. A. Janvier et L. Douchet). — Amiens , Alf. Caron , 1856.

526*bis*. Notice sur quelques vieilles enseignes de la ville d'Amiens, par A. Janvier. — Alf. Caron , 1856.

527. Biographie de Charles Dallery d'Amiens. — Amiens, Alfred Caron , 1856. Les auteurs sont MM. Edouard Gand et Gabriel Rembault. Un volume de 36 p. avec portrait de Ch. Dallery.

528. Catalogue de la belle collection de livres sur les beaux-arts , etc., et des aquarelles, sépias et dessins originaux , composant le cabinet de feu M. Cheussey, architecte. (Vente le 18 août 1857, Me Pouy, commiss. pris.) — In-12, E. Herment.

529. Dissertation sur les armoiries attribuées à la province de Picardie, par Ch. Dufour. — E. Herment, 1857, 22 pages in-8° ; armoiries en couleur.

530. Essai bibliographique sur la Picardie, ou plan d'une bibliothèque spéciale, composée d'imprimés entièrement relatifs à cette province, par M. Charles Dufour. — 2me série de 125 p. in-8°, E. Herment.

> Tirage à part extrait des mémoires de la Société des Antiquaires de Picardie. La 1re série parut en 1850.

531. Fantaisie poétique, par E. Yvert. — Amiens, 1857, E. Yvert.

532. Quelques extraits du roman d'Abladane, publiés par M. H. Dusevel. — Lenoël-Hérouart , 1858, 16 pages in-8°.

533. Compte-rendu de l'histoire de la ville de Montdidier de M. Victor de Beauvillé, par M. H. Dusevel. — Yvert, 1858, 27 pages in-4°.

534. Les chasses de la Somme, par E. Prarond. — Lenoël-Hérouart, 1858, in-8°.

535. Recherches historiques sur les ouvrages exécutés dans la ville d'Amiens par des maîtres de l'œuvre, maçons, entailleurs, peintres, verriers, brodeurs, orfèvres , serruriers et fondeurs, pendant les XIVe, XVe et XVIe siècles , par Dusevel. — Lenoël-Hérouart, 1858, 43 p. in-8°.

536. Règlement de police de la ville de Corbie. — Amiens, typog. E. Yvert, rue Sire-Firmin-Leroux, 1858, 50 pages in-8°.

537. Catalogue (analytique) de lettres autographes et de pièces diverses concernant André Dumont. — (Vente du 1er juillet 1858, M⁰ Pouy, commissaire-priseur), in-8°, Jeunet.

538. Situation financière des villes de Picardie sous saint Louis, par Ch. Dufour. — V⁰ Herment, 1858, in-8° de 111 p. Une planche de sceaux gravés par Hirondar d'Amiens.

539. Essai historique sur la porte Montre-Écu et le Logis-du-Roi d'Amiens, par Dusevel. — Lenoël-Hérouart, 1858, in-8° de 23 p.
Tiré à petit nombre.

540. Discours historique sur le Jardin-des-Plantes et le cours de botanique d'Amiens depuis leur fondation jusqu'à nos jours, prononcé le 22 mai 1858 par le docteur J. James. — Amiens, typog. E. Yvert, rue Sire-Firmin-Leroux, 1858.

541. Notice sur les château, seigneurie et abbaye de Boves, par Ch. Salmon. — Amiens, Lenoël-Hérouart, 1858.

542. Notice et documents sur la fête du Prince des sots à Amiens, par H. Dusevel. — Lenoël-Hérouart, 1859, 15 p. in-8°.

543. Code manuel à l'usage des notaires de l'arrondissement d'Amiens, par M⁰ Dournel notaire à Amiens. — Yvert, 1859, in-4°.
L'utilité pratique de cet ouvrage, où rien de ce qui concerne le notariat n'est oublié, en fait un monument précieux pour cette honorable corporation, on y trouve même des notes bibliographiques.
C'est à Philippe IV (Lebel) qu'est due l'uniformité dans l'organisation du notariat, en vertu d'une ordonnance datée d'Amiens, juillet 1304.

544. La Ligue, documents relatifs à la Picardie d'après les registres de l'échevinage d'Amiens, par A. Dubois. — Yvert, 1859, in-8° de 104 p., titre et préface non compris.

545. Lapostolle (1749-1831), par le docteur Courtillier. — Amiens, imp. V⁰ Herment, Place Périgord, 3, 1859.

546. La rue Centrale et Amiens, dialogue par M. E. Yvert. Dialogue lu à l'Académie d'Amiens dans sa séance du 29 avril 1859. — Amiens, E. Yvert, 1859.

547. Récréation de nos pères aux XV et XVI siècles (ou les joueurs de farces), par A. Dubois. — Caron et Lambert, 1860, in-8°.

548. Justice et bourreaux à Amiens dans les XV et XVI siècles, par A. Dubois. — Caron et Lambert, 1860, 32 p. in-8°.

549. Rapport sur les travaux de la Société des Antiquaires de Picardie pendant 1858-59, par Garnier, lu dans la séance du 28 mai 1859. — Amiens, vᵉ Herment, 1860, 20 p. in-8°.

550. Recherches sur les musées, discours prononcé dans la séance publique de la Société des Antiquaires de Picardie, le 28 mai 1859, par M. le comte de Betz, président. — Amiens, vᵉ Herment, 1860, in-8°, 37 p.

551. Histoire de l'église St.-Germain d'Amiens, ouvrage posthume de M. François Guerard. — Vᵉ Herment, 1860, in-8°.

552. Refonte et analyse des circulaires et instructions de l'administration de l'enregistrement, par Em. Bigorne — 2 vol. in-4°, Jeunet, 1860.

> Cet ouvrage est d'une bonne exécution typographique courante, malgré la rapidité de son exécution qui a duré à peine 6 mois. 1,200 rames de papier ont été employées à sa confection, cette masse énorme de papier (à 10 cent. d'épaisseur, pour chaque rame), étant superposée atteindrait 120 mètres de hauteur, c'est-à-dire 10 mètres de plus que le clocher de la cathédrale d'Amiens.

553. Catalogue de livres provenant de feu M. Labourt, ancien magistrat, ancien maire de Doullens. (Vente le 15 octobre 1860 Mᵉ Pouy, commissaire priseur). — In-8°, vᵉ Herment.

554. Société des Antiquaires de Picardie. Exposition provinciale. Notice des tableaux et objets d'art, d'antiquité et de curiosité exposés dans les salles de l'Hôtel-de-Ville d'Amiens, en 1860. — Vᵉ Herment м. dccc lx, in-12.

> Il a été tiré de ce livret plusieurs exempl. sur grand papier et 3 exempl. sur papier de couleurs différentes.

555. Souvenirs des villes de Picardie, Boulogne, par M. Dusevel. — Lenoël-Hérouart, 31 p. in-8°.

556. Création d'un Mont-de-Piété à Amiens. Projet. — Typog. de Yvert, 1860, 20 p. in-8°.

> Ce projet de Mont-de-Piété avait été présenté à l'administration municipale par M. Courtois, ancien commissaire-priseur à Amiens, lequel sollicitait la direction de cet établissement ainsi qu'il le dit à la page 15 de cette brochure, en exposant les titres qu'il pensait devoir être susceptibles de le recommander au choix de l'autorité.

557. Inauguration de la double statue de Lhomond, poésie en style de complainte, air de la complainte de Fualdès, divisé en 2 parties. — Amiens, typog. A. Challier, 1860.

557 *bis*. Inauguration de la statue de Lhomond. Gresset et Lhomond aux Champs-Élysées, dialogue. — Amiens, E. Yvert, 1860.

558. La Magie maternelle (par M. Daniel Gavet), Al. Caron 1860, in-12 de xxix et 251 pages, plus une page pour la table.

> Ce livre contient sans nul doute d'excellentes idées tirées du magnétisme, de matières occultes et complexes. Mais une simple lecture ne suffirait pas pour apprécier le mérite des pensées que l'auteur s'est généralement plu à présenter sous le voile d'un style synthétique, peu familier aux profanes. Voile que M. Gavet soulève pourtant parfois avec bonheur où à travers lequel se montre dans tout son éclat la Magie maternelle, cette puissance qualifiée de magnétique.
>
> M. Gavet blâme ainsi les abus que l'on fait du nom et de la science du magnétisme : « d'honnêtes gens et des gens malhonnè-
> » tes s'emploient jusqu'aux superstitions grossières à violenter le
> » phénomène, à lui arracher le secret de fortunes hâtives et de
> » fortunes immorales, découvertes de trésors, inventions indus-
> » trielles, gains aléatoires ; et la foi de Cartouche s'y résigne,
> » sauf d'extrêmement rares exceptions. L'exception est aussi une
> » loi, un équilibre, une harmonie. Pourquoi la déception punit-
> » elle des tentations inintelligentes lorsqu'elles ne sont pas cou-
> » pables ? parce que la loi du travail où nos facultés se développent
> » règlemente l'équilibre...... parce que s'il était possible que tout
> » le monde fut riche, tout le monde serait pauvre....»
>
> A propos du péché originel, M. Gavet se demande si l'on ne

devrait pas en voir la preuve dans les gémissements du nouveau né : « inexplicable douleur, dit-il, si la faute ne l'explique, si le » gémissement universel de toute créature n'affirmait le péché.»

En résumé ce livre, malgré son style particulier offre de l'intérêt. Les bibliophiles n'attendront pas, comme le dit l'auteur, « la période du zenith social » pour le placer dans leurs bibliothèques parmi les livres curieux afin de le soustraire « aux rongeurs et aux engeances réalistes » engeances auxquelles M. Gavet oppose d'une manière peut-être trop absolue la puissance du spiritualisme. Si donc comme il l'annonce, M. Gavet ne publie un livre que tous les 30 ans les amateurs devront le regretter.

559. Histoire civile, ecclésiastique et littéraire du doyenné de Picquigny, par l'abbé Daire, publié d'après le manuscrit autographe par Garnier, 1860, 95 pages petit in-12, avec un plan du camp de César.

560. Le Franc-Picard, annuaire commercial de l'arrondissement d'Amiens. — Alf. Caron, 1861, in-12.

Cet annuaire paraît annuellement depuis 1845 ; il renferme de bons renseignements et des pièces de patois picard fort curieuses en prose ou en vers. La collection de ces petits livres sera plus tard fort recherchée pour ces pièces de patois, où le franc-picard se montre souvent plein de malices et présente des aperçus d'assez haute portée.

L'annuaire ci-dessus décrit contient sur la rue Centrale un dialogue picard qui retrace les diverses phases de ce vaste projet et présente sa situation actuelle, en faisant des vœux pour sa réussite.

561. Les joueurs de farces à Amiens, fragment d'une histoire de Picardie, par H. Dusevel. — Lenoël-Hérouart, in-8°.

562. Mélanges d'histoire et d'archéologie, par M. Fr. Guerard. — Lemer aîné, 1861, 242 p. et 8 p. de titre, f. t., introd. et table, n. chif.

Un exemplaire a été tiré sur papier rose.

563. Histoire des Protestants de Picardie, particulièrement de ceux du département de la Somme, d'après des documents pour la

plupart inédits, par L. Rossier. — Lemer aîné, in-12 de 328 p., plus une introduction de vIII p., titre et faux-titre compris.

564. Conseil municipal. Observations présentées par M. le comte Léon de Chassepot, maire d'Amiens, sur le rapport de la Commission des travaux et des finances. — Alf. Caron, 1861, 48 pages in-4°.

565. A la Cathédrale d'Amiens. (Poésies par M. Calland). — Lemer aîné, 30 pages in-8°, texte encadré.

566. Guide de l'étranger à Amiens. Description de ses monuments anciens et modernes, suivie d'une biographie des hommes remarquables qui sont nés dans cette cité, par H. Calland. Ouvrage illustré de vignettes et d'un plan de la ville. — Amiens, Caron et Lambert, 1861, 160 pages in-18, 3me édition.

567. Système néo-cartésien ou Mécanique céleste, par Lavezzari. — Lemer aîné, 1861, in-8°, 168 pages avec planches.

Il est à regretter que cet ouvrage savant soit resté inachevé.

JOURNAUX.

568. Le Spectateur Picard, au cap de Bonne-Espérance, chez l'Hottentot, à l'Impartialité. Un seul numéro paru. 1755. (Voir p. 33.)

569. Journal d'éducation.

Le prospectus de ce journal parut en 1768 et fut distribué à Paris et dans plusieurs villes de France. (Mémoires secrets).

570. Annonces, affiches et avis divers de Picardie, Artois, Soissonnois et Pays-Bas français, in-4°.

Imprimé d'abord par Godart et, à partir du 4 août 1777, par Caron l'aîné. Au mois de juillet 1790 et jusqu'à floréal an IX, ce journal parut sous le titre de *Affiches du Département de la Somme*, titre remplacé ensuite par celui de *Journal du Département de la Somme*.

13.

571. Courrier du Département de la Somme, par Duméril ; 4 juillet au 7 novembre 1790. — Caron-Berquier, in-8°.

572. Journal du Département de la Somme, in-4°. — J.-B. Caron et ensuite Maisnel, à partir de 1811.

573. La Décade du département de la Somme, et Bulletin de la Somme. — 1800-1811, Patin et Cie, in-4°. — Au 10 thermidor, an IX, imp. Maisnel.

574. Feuilles d'affiches, annonces et avis divers de la ville d'Amiens. — In-8° et in-4°, 1814-29.

> J.-B. Caron l'aîné, Caron-Duquenne et Boudon-Caron. Cesse le 7 février 1829. Imprimé par Boudon-Caron et avec la signature Caron-Duquenne.

575. Journal d'agriculture et de commerce du département de la Somme, puis Journal de la Somme, 1817-29 (hebdomadaire).— Caron-Vitet.

576. Le Glaneur, 1820-50. (Voyez page 57). — Aug. Caron, Macbart, Duval et Herment.

577. Le Miroir de la Somme, journal des spectacles, des mœurs et des arts, in-4°. — 1822-23, Caron-Berquier, Ledien-Canda.

> Paraissait tous les jeudis.

578. L'Indicateur du département de la Somme, in-4°. — Caron-Berquier et Boudon-Caron, imp. et rédacteur, 1824-26.

579. L'Abeille picarde. — 1828-31, Ledien-Canda.

580. Revue d'Amiens, recueil mensuel in-8°. — Boudon-Caron, 1833.

> Collection de M. De Caudaveine.

581. La Sentinelle picarde, in-f°. — Boudon-Caron, du 15 février 1829 jusqu'au 10 août 1839 ; ensuite E. Yvert.

> La Sentinelle eût plusieurs procès ; le premier est du 19 juin 1830. Le 28 juillet, même année, une assemblée des actionnaires et rédacteurs décide unanimement « que cette feuille paraîtra en dépit des ordonnances.

582. La Gazette de Picardie.

Ce journal politique commença le 30 septembre 1831 et finit le 1er novembre 1848. M. E. Yvert, qui en fut constamment le rédacteur, en devint l'imprimeur le 13 août 1839 ; jusque-là ce journal avait été imprimé par Caron-Vitet. In-f°.

583. L'Union, journal politique ; commence le 4 janvier 1834, saisi le 19 avril suivant.

584. Le Franc-Picard.

Feuille hebdomadaire imprimée et signée par Ledien fils ; elle a commencé le 31 décembre 1834 et paraissait encore en mars 1836. In-f°.

585. Le Soir, journal littéraire hebdomadaire ; rédacteur, M. Michel Vion et autres. 1836.

586. Journal de la Somme (Sentinelle picarde et Éveil d'Abbeville réunis). — E. Yvert, in-f°, 1840-45.

Journal politique, paraissant trois fois par semaine, signé E. Cassagnaux. Il commença le 19 mars 1840 et finit le 28 mars 1845, pour paraître sous le titre suivant :

— Journal de la Somme, politique, littéraire, judiciaire, industriel et agricole. — 1845-48, E. Yvert, in-f°.

Ce journal parut tous les jours, le lundi excepté, du 1er avril 1845 au 31 août 1848. Il eût pour rédacteurs et signataires : Montalbert, à dater du 1er avril 1845, J. Degeorge, 31 octobre 1845, P. Desir, 2 juin 1846, Degouve-Denuncques, 26 avril 1848, et Al. Gresse, 31 mai 1848.

587. Le Franc-Picard, journal littéraire, commercial et agricole ; du 1er août 1841 au 27 novembre même année. — Alf. Caron.

588. La Publicité, petites affiches de la ville d'Amiens et du Département de la Somme. — Alf. Caron, in-8°.

Feuille hebdomadaire qui parut signée Ducroquet, du 14 mars 1846 au 6 mars 1847, et dont M. D. Lebel était l'éditeur. Les articles de fond étaient rédigés par Goze et G. Rembault, qui signait Baron de C... (Voir *Essai de Bibliog.*, par M. Dufour.)

589. Le Courrier des chemins de fer. — Alf. Caron, depuis 1847.

590. Le Dimanche, journal littéraire, nouvelliste, commercial, et industriel, feuille d'annonces pour Amiens et le département de la Somme. — Alf. Caron, 1847, in-f°.

591. Le Démocrate, journal de l'atelier. In-f°, 1848.

Ce journal, qui paraissait le lundi, eût seulement 8 numéros. Le premier est du 30 mai, le n° 8, du 17 juillet 1848. Le premier numéro fut signé J. B. Ronfleur, ouvrier, et les autres N. Mercier.

592. L'Impartial de la Somme.

Cette feuille qui paraissait tous les jours, le lundi excepté, commença le 12 novembre 1848 et finit le 25 novembre 1849. Les signatures furent : J. Gramain, jusqu'au 30 décembre ; Benoist-Pariset, jusqu'au 18 janvier ; Ed. Lucet, à partir de cette époque. — In-folio.

593. Courrier de la Somme, politique, industriel, agricole et littéraire. — 1848-51, Alf. Caron, in-f°.

Ce journal, qui paraissait tous les jours, le lundi excepté, commença le 15 mars 1848 et fut supprimé le 3 décembre 1851. Il eût pour signataire M. L. Challier et pour rédacteur en chef M. Vict. de Nouvion.

594. L'Ami de l'ordre.

Ce journal paraissant tous les jours, le lundi excepté, a eu pour rédacteur M. E. Yvert. Il a remplacé la Gazette de Picardie et a cessé de paraître le 1er novembre 1859. — In-f°.

595. L'Étoile de la Somme, petites affiches du Département. — Lenoël-Hérouart, imp., 1850.

Paraît encore tous les samedis.

596. Mémorial d'Amiens. — 1851, in-f°.

Ce journal paraît tous les jours, le lundi excepté. Il a commencé le 25 octobre 1851, sous la direction de L. Challier. Il fut imprimé jusqu'au 18 avril 1852 par A. Caron et ensuite par L. Challier.

597. Le Publicateur du Département de la Somme, journal d'annonces hebdomadaire, commencé le 12 avril 1851. Les éditeurs gérants sont Caron et Lambert.

598. Le Commerce de la Somme , annales de la ville d'Amiens. — In-folio.

Ce journal hebdomadaire a commencé à paraître le 12 septembre 1852 et il était signé par l'imprimeur-rédacteur Alf. Caron.

599. Le Napoléonien , Moniteur de la Somme. — In-f°.

Feuille politique paraissant tous les jours , le lundi excepté. Propriétaire-gérant et imprimeur, Jeunet ; signataire , Gaches. 1857.

Ce journal porte actuellement le titre de *Journal d'Amiens* , *Moniteur de la Somme.*

600. Les Cafés d'Amiens, journal littéraire , remplacé par le titre de le *Furet Picard ,* a cessé de paraître en septembre 1857, peu de temps après sa naissance.

601. La Chronique de Picardie (rédigée par Antonin Boudin et autres), 1858. (Voir page 9). — Imp. par Yvert.

602. Les Coulisses , journal de théâtre. — Alf. Caron, 1858, gr. in-8°.

603. L'Abeille picarde, journal littéraire , paraissait tous les lundis. — Herment et Alf. Caron , 1859, in-f°.

604. Le Moniteur picard, journal littéraire ; paraît le dimanche depuis 1859. — Alf. Caron , imp.

Le numéro du 12 mai 1861 contient un article critique sur les *Journaux actuels du Département de la Somme ,* lequel article ayant été considéré comme traitant d'économie sociale et politique a été déféré au Tribunal , qui a prononcé le 1er juin 1861 la suppression du journal.

605. Institution, statuts, indulgences et prières de la confrairie de la Pénitence, sous le nom et invocation de Ste Marie-Madeleine.— Chez la Ve Hubault, 1672, avec permission. 192 p. petit in-12, rare.

606. Relation de la découverte du corps de saint Augustin, trouvé à Pavie dans l'église de St-Pierre-du-Ciel-d'Or. — Charles Caron-Hubault, 1729, 11 pages in-4°, rare.

B. de M. Vast.

607. Les merveilles de la Fontaine d'Amour, ode dédiée aux buveurs d'eau (par le R. P. Daire, religieux Célestin). — Au Pont-Euxin, chez François Canard, à l'enseigne du Verseau. Amiens, Ve Godart, 1748, in-12.

> M. Galand avait donné permission d'imprimer et vendre cet ouvrage, mais par réflexion, il fit arrêter le colporteur, saisir les exemplaires et défendre à l'imprimeur d'en débiter.
>
> J'ai vu sur une copie manuscrite de ce rare ouvrage la note suivante : « La fontaine d'Amour était connue sous ce nom dès 1364. » Par la suite, elle fût nommée *Fontaine d'amourettes*. Ce manuscrit contient à la fin une épigramme et un couplet contre le P. Daire, signés B. (Baron ?) Voici le couplet sur l'air *Défunt les capucins.*
>
> > Sur les corps, nouvelle fontaine.
> > Je crois ta puissance certaine,
> > Mais sur les esprits ta vertu
> > Ne me paraît pas souveraine,
> > Et si de ton eau Daire a bu
> > Pour lui tu n'es pas l'Hypocrène.

608. Extraits du registre aux arrêtés du Directoire du département de la Somme. — Caron l'aîné et Caron-Berquier, in-4°.

> Collection très-intéressante et rare comprenant les années 1791 et 1792.

B. de M. Vast.

609. Avertissement du Conseil général de la commune d'Amiens sur les vaines terreurs qui agitent les citoyens, sur les véritables moyens de les dissiper et d'assurer la tranquillité publique. — Caron-Berquier, 1792, 8 pages in-4°.

610. Procès-verbal de la fête en réjouissance de la paix conclue entre la République et l'Empereur, célébrée en la commune d'Amiens, par les soins de l'Administration municipale (20 nivôse an VI). — Patin et Cie, 15 pages in-4°.

B. de l'Hôtel-de-Ville.

611. Délibération de l'Administration municipale de la commune d'Amiens, pour établir les sépultures dans l'enclos à l'occident de St-Maurice, qui sera dorénavant appelé le Champ des tombeaux. — Patin et Cie, 20 pages in-4°. Voy. n° 447.

Même Biblioth.

612. Avertissement de l'Administration municipale d'Amiens à ses concitoyens, pour les prémunir contre les manœuvres des ennemis de la tranquillité et contre les rumeurs qu'ils répandent pour diviser les citoyens et troubler la commune. — Patin et Cie, 16 pages in-4°.

Même Biblioth.

613. Almanach du département de la Somme avec des notices sur l'agriculture, le commerce, les arts, etc. (par M. H. Dusevel). — Ledien fils, 1841, 144 pages in-24.

Voyez page 62.

614. Etudes archéologiques sur les monuments religieux de la Picardie, par E. Woillez. — Duval et Herment, 1843, 279 pages in-8°, 7 tableaux pliés non chiffrés, et un atlas grand in-8° contenant 14 planches lithographiées par Lebel d'après les dessins de l'auteur M. Woillez.

Cet atlas reproduit les caractères architectoniques des monuments religieux de la Picardie du ve au xie siècle.

Tiré à part à petit nombre et extrait du tome vi des *Mémoires de la Société des Antiquaires de Picardie.*

615. La confrérie de Notre-Dame du Puy d'Amiens, par M. A. Breuil. — Duval et Herment, 1854, in-8°.

616. Du berceau de l'espèce humaine, selon les Indiens, les Perses et les Hébreux, par J.-B.-F. Obry. — Ve Herment, 1858, in-8° de 211 pages.

Ouvrage savant.

617. Collection, par ordre de matières, d'arrêtés de police applicables à la ville d'Amiens, précédée d'une notice sur la police de cette ville avant 1789, par Brayer, commissaire central de police. — Jeunet, 1858, lxiii et 271 pages in-8°.

Ouvrage tiré à petit nombre, intéressant par ses renseignements historiques.

618. Les œuvres d'art de la confrérie de Notre-Dame Du Puy d'Amiens, mémoire posthume de M. le docteur Rigollot, revu et terminé par M. A. Breuil. — Ve Herment, 1858, 195 p. in-8°, fig.

TABLEAU CHRONOLOGIQUE

DES

IMPRIMEURS-TYPOGRAPHES.

PAGES.	NOMS DES IMPRIMEURS.	ANNÉES D'EXERCICE.	OBSERVATIONS.
66-68-74	Lecaron (Nicolas) . . .	1507	
72	Deshayes (Anthoine) . .	1591	
. 74	Delannoy (Adrien) . . .	1607	On ne connaît aucun imprimé de lui.
75-76-77	Hubault (Jacques) . . .	1609 à 1635	
85-86	Lebel, Guislain, père . .	1626 à 1704	Au Pilon d'or.
85-86	Lebel, Guislain, fils . .		
77	Hubault (Robert). . . .	1635 à 1657	Successeur de Hubault (Jacques).
87	De Gouy (Charles) . . .	1640	Titre créé.
78-79	Hubault (veuve Robert) .	1657 à 1697	Successeur de Hubault (Robert).
87-88	Musnier (J.)	1662 à 1670	Titre créé.
80	Caron-Hubault (N.) . . .	1697 à 1702	Successeur de Hubault (Ve Robert).
80-81	Caron-Hubault (Charles) .	1702 à 1743	Successeur de Caron-Hubault (N.).
88	Morgan (J.-B.)	1712 à 1721	Titre créé.
88	Morgan (veuve)	1721 à 1727	Successeur de Morgan (J.-B.).
90	Godart (Louis)	1724 à 1742	Titre créé. A la Bible d'or.
88	Redé (Charles)	1737	Titre créé.
79-90	Godart (veuve)	1742 à 1777	Successeur de Godart (Louis).
81	Caron-Hubault (ve Charles)	1743 à 1764	Successeur de Caron (Charles).
81	Caron (Louis-Charles) . .	1764 à 1789	Successeur de Caron (Ve Charles).
82-91	Caron (J.-B.) l'aîné . . .	1777 à 1819	Successeur de Godard (Ve)
82	Caron (ve Louis-Charles) .	1789	Successeur de Caron (Louis-Charles).
82-83	Caron-Berquier	1789 à 1825	Successeur de Caron (Ve L.-Ch.).
89	Imprimeurs associés : Mlle Varlé et autres. . . .	1792 à 1797	Titre créé.

PAGES.	NOMS DES IMPRIMEURS.	ANNÉES D'EXERCICE.	OBSERVATIONS.
89	Patin et Cie	1796 à 1800	Titre créé.
90	Marielle.	1797 à 1825	Titre créé.
89	Maisnel	1800 à 1824	Successeur de Patin et Cie.
94	Caron-Vitet	1811 à 1846	Titre créé.
95	Ledien-Canda.	1814 à 1829	Titre créé.
92	Caron-Duquenne . . .	1819 à 1828	Successeur de Caron l'aîné.
84-96	Caron (Auguste)	1819 à 1826	Titre créé.
84	Caron-Isnard	1825 à 1827	Successeur de Caron-Berquier.
96	Machart (Raoul)	1826 à 1838	Successeur de Auguste Caron.
93	Boudon-Caron.	1828 à 1839	Successeur de Caron-Duquenne.
95	Ledien fils	1829 à 1841	Successeur de Ledien-Canda.
96	Duval et Herment . . .	1838 à 1857	Successeurs de Machart (Raoul).
98	Seblond et Cie	1839	Titre créé, n'a pas exercé.
98	Caron (Alfred)	1839	Sr de Seblond. (*Brevet actuel.*)
93-94	Yvert (E.)	1839	Sr de Boudon-Caron. (*Brevet actuel.*)
95	Lenoël-Hérouart. . . .	1841	Sr de Ledien fils. (*Brevet actuel.*)
95	Caron et Lambert . . .	1846	Sr de Caron-Vitet. (*Brevet actuel.*)
94	Degouve de Nuncques. .	1848	Brevet éteint, même année.
99	Challier.	1852	Titre créé. (*Brevet actuel.*)
97	Herment (E.)	1857 à 1858	Successeur de Duval et Herment.
97	Herment (V^e).	1858	Successeur de son mari.
99	Jeunet	1858	Titre créé. (*Brevet actuel.*)
96	Lemer aîné.	1860	S^r de Ve Herment (*Brevet actuel.*)

TABLEAU CHRONOLOGIQUE

LIBRAIRES NON IMPRIMEURS [1].

PAGES.	NOMS	DATES D'EXERCICE.	OBSERVATIONS.
101	Gauchier-Deschamps . .	1461	
102	Brugnet (Jean)	1475	
102	Lecarpentier (Jean). . .	1490	
102	Caron (Nicolas)	»	
102	Le Prevost (Guillaume) .	»	
71	Caron (Jean)	1546	
102	Vaspasse ou Waspase (J.).	1584	
104	De Gouy (Gilles). . . .	1660	
105	Duneufgermain	1670	
105	Vaquette	1696	*A la Religion.*
105	De Gouy (Mlle) . , . .	1700	
105	Odou (Joseph).	1700	
105	Rédé (Antoine)	1735	Était aussi m^d d'estampes.
105	Mastin	1740	
105	François.	1765	
105	Dreüe (Charles). . . .	1766	*A l'Annonciation.*
105	Godart (Louis) fils . . .	1768	
105	Mastin (V^e).	1783	
105	Vast	1785	
105	Walois . , ...	»	
105	Caron-Berquier	1785	*A la Religion.*
106-107	Mariellé. . . '	»	
105	Darras	1788	

(1) Il est inutile de faire remarquer que tous les libraires qui ont exercé à Amiens ne sont pas nommés dans ce tableau et que les années indiquées ne fixent pas , d'une manière positive, en ce qui concerne les anciens titulaires , l'époque de leur entrée en exercice ; elle indique seulement celle où leur nom se trouve révélé par quelque fait ou publication. Quant aux titulaires actuels l'année indiquée est celle de leur nomination.

PAGES.	NOMS.	DATES D'EXERCICE.	OBSERVATIONS.
	Choquet.	»	
107	Allo-Poiré	1795	
	Planchon	»	
107	Gaudefroy.	1795	
	Caron-Vitet	1809	
95	Ledien-Canda.	1810	
	Monmert	1815	
	Darras (Ve) née Porion (J.)	1815	
	Dollin	1825	
	Lamon-Mercier	1828	
	Prevost-Allo	1836	Brevet actuel.
	Allo (Augustin)	1839	Id.
	Godard-Lequien	1842	Id.
	Lamory.	1842	Id.
	Calland	1847	Id.
	Corroyer	1850	Id.
	Gaillard.	1850	Id.
	Lecerf	1852	Id.
	Potentier	1852	Id.
	Hourdel (Dlle).	1953	Id.
	Niquet	1853	Id.
	Dufétel	1854	Id.
	Beauvais	1854	Id.
	Boulanger	1854	Id.
	Wallon	1854	Id.
	Fournier	1857	Id.
	Poulain	1857	Id.
	Delpature	1858	Id.
	Sauvé	1860	Id.

TABLEAU CHRONOLOGIQUE

DES

IMPRIMEURS-LITHOGRAPHES.

PAGES.	NOMS	DATES D'EXERCICE.	OBSERVATIONS.
99	Legrand (Pierre). . . .	1825	
99	Laroche et Leprince . .	1831	Leprince , lithographe-amateur.
99	Delaporte	1834	
99	Scellier	1834	
97	Duval et Herment . . .	1838	Lemer aîné , successeur.
	Bécu.	1846	A cédé à M. Jeunet.
99	Lebel.	1849	Successeur de Scellier.
	Rossignol	1849	Brevet actuel.
	Boileau	1854	Brevet actuel. Successeur de Lebel.
99	Jeunet	1857	Successeur de Bécu. *(Brevet actuel.)*
	Moncourt	1856	Brevet actuel.
	Lemer aîné	1850	Successeur de Vᵉ Herment. (Brev. act.

Amiens. — Imp. LEMER aîné, place Périgord , 3.